Geheimnisvoller Orient

Schneebedeckte Berge, grüne Täler und ausgedehnte Wüsten sind die Heimat einer der ältesten Zivilisationen der Welt.
So faszinierend wie Landschaft und Leute ist auch die Küche Persiens: Entdecken Sie die unglaubliche kulinarische Vielfalt des Landes der 1001 Düfte und Gewürze und zaubern Sie mit einfachen Rezepten köstliche Gerichte auf Ihren Tisch.
Und vergessen Sie nicht die wichtigste persische »Zutat«, mit der das Kochen noch mehr Spaß macht: Laden Sie nette Menschen zum Mitgenießen ein.
Guten Appetit – Nusch-e dschan!

Die Farbfotos gestaltete
Odette Teubner

INHALT

4 **Kulinarisches Persien**

12 **Suppen und Vorspeisen**

12 Zwiebelsuppe mit Kartoffeln
Eschkeneh

12 Pistazien-Orangen-Suppe
Soup-e pesteh

14 Joghurtsuppe mit Kichererbsen und Linsen
Asch-e mast

16 Spinatsalat mit Joghurt
Borani-e esfenadsch

16 Gurkenjoghurt mit Rosinen
Mast-o khiar

18 Kräuteromelett
Kuku-ye sabzi

18 Gefüllte Äpfel mit Hackfleisch
Dolmeh-ye sabzi

20 Rote-Bete-Joghurt
Mast-o labu

20 Pinienkerne in Weinblättern
Domeh-ye barg-e mo ba senobar

22 Auberginenpüree
Halim-e bademdschan

24 **Beilagen und Reis**

24 Fladenbrot
Nan-e taftun

24 Barbaribrot
Nan-e barbari

26 Gedämpfter Reis
Tschello

26 Reis mit Kartoffelkruste
Tschello ta dig

28 Reiskuchen
Kateh

28 Reis mit Linsen
Addas pollo

30 Reis mit Aprikosen
Gheisi pollo

30 Reis mit Möhren
Hawidsch pollo

32 Eingelegter Knoblauch
Torschi-e sir

32 Eingelegte Datteln
Torschi-e somag o khorma

32 Essig-Gemüse
Torschi-e makhlut

34 **Reizvolle Hauptgerichte**

34 Zucchinitopf mit Lamm
Khoresch-e kadu

34 Sellerietopf mit Minze
Khoresch-e karafs

36 Linsentopf mit Lamm
Khoresch-e gheimeh

36 Hühnchen in Orangensauce
Khoresch-e narandsch

38 Lamm mit Backpflaumen
Khoresch-e alu

38 Linsen-Auberginen-Eintopf
Gheimeh bademdschan

40 Hähnchen in Walnuß-Granatapfel-Sauce
Khoresch-e fesendschan

42 Fleischklöße Täbris
Kufteh tabrizi

42 Lammspieße
Kabab-e barg

44 Reis mit Kirschen und Hühnerkeulen
Albalu pollo

46 Reis mit mariniertem Lamm
Tah tschin

46 Hühnerleber mit Zwiebeln
Geliapiti

48 Lammeintopf mit Kichererbsen
Dizi

50 Fisch mit Orangen
Mahi sorkarda ba-narandsch

50 Gebackene Forellen
Mahi-e ghuzalalla

52 Rotbarschfilet süß-sauer
Mahi-e aflatuni

54 **Süßes und Getränke**

54 Safrancreme
Katschi

54 Melonen-Pfirsich-Cocktail
Compot-e hulu vu talebi

56 Persisches Eis mit Safran
Bastani sahlabi

56 Rhabarber-Sorbet
Sharbat-e rivas

58 Persische Waffeln mit Rosenwasser
Nan-e pandschare

58 Feine Reismehlplätzchen
Nan-e berendschi

60 Joghurtdrink mit Minze
Dugh

60 Zitronentee
Tschai ba limu

60 Melonen-Zitronen-Getränk
Paludeh

62 **Rezept- und Sachregister**

Die Temperaturstufen bei Gasherden

variieren von Hersteller zu Hersteller. Welche Stufe Ihres Herdes der jeweils angegebenen Temperatur entspricht, entnehmen Sie bitte der Gebrauchsanweisung.

INHALT

KULINARISCHES PERSIEN

Persien – Land der Widersprüche

Persien, das von 1934 bis 1979 als »Kaiserreich Iran« bezeichnet wurde und seitdem »Islamische Republik Iran« heißt, ist einer der ältesten und traditionsreichsten Staaten der Erde.

Auf einer Fläche, die so groß wie Westeuropa ist, leben rund 60 Millionen Menschen. Zwei Drittel des Landes sind Wüste. Doch da, wo das an den Bergen abregnende Wasser hingelangt, erblüht die Vegetation zu ausgedehnter Pracht – die fruchtbaren Gebiete liegen im Norden am Kaspischen Meer und im Südwesten des Landes. Aus den Bergen wird Wasser durch lange Leitungen in viele trockene Gebiete transportiert – das Hochplateau in der Landesmitte und der Osten sind verhältnismäßig unfruchtbar.

Zur Zeit haben nur wenige Deutsche den Mut, in den fundamentalistischen Iran zu reisen. Von offizieller Seite wird der Tourismus dort kaum gefördert. Wer sich davon nicht abschrecken läßt, wird reich belohnt:

• mit einer großen Anzahl Baudenkmäler, in denen sich die Auseinandersetzungen des Großreichs Persien mit den Griechen, Römern, Byzantinern und Arabern widerspiegeln;

• mit faszinierenden Städten und ihrem schier undurchdringbaren Gewimmel in den Gassen und Bazaren. Und mit den Garküchen, deren unwiderstehliche Düfte verführerisch locken;

• mit facettenreichen Landschaften, mit dem Wechsel zwischen kargem Gebirge, öden Wüsten und blühenden Oasen;

• und nicht zuletzt von den Menschen, die Fremden gegenüber ausgesprochen gastfreundlich sind und ihnen bei sich zu Hause mit den besten Zutaten ein unvergeßliches Festessen zubereiten.

Einheimische Märkte bieten ein so reiches Angebot, daß die Wahl fast schwerfällt. Viele Gerichte werden mit dem Gemüse zubereitet, das gerade Saison hat.

Mohammeds Lehre beeinflußt die Ernährungsgewohnheiten

Seit dem großen Perserkönig Darius (356–323 v. Chr.), den Alexander der Große vernichtend schlug, scheinen sich die Gerichte und deren Zubereitung in Persien bis zum heutigen Tage kaum verändert zu haben. Mit der Eroberung durch die Araber im neunten Jahrhundert dehnten sich die Ernährungsvorschriften des Islam auch auf Persien aus. Eine der wichtigsten war die Untersagung jeglichen Alkoholgenusses. Es dauerte allerdings eine ganze Weile, bis das Gebot sich durchsetzte, denn immerhin blickte Persien damals schon auf eine 2000jährige Weintradition zurück. Noch im 12. Jahrhundert besang der Poet Omar Khayyam (1048–1131) die Weine, die aus der berühmten Schiraz-Traube gewonnen wurden. Mit den zurückkehrenden Kreuzrittern gelangte diese edle Rotweinsorte schließlich sogar bis nach Europa. Persische Weinbauzentren waren Teheran, Khorasam, Farse und Schiraz, wo der Weinbau die Berghänge stark prägt. Heutzutage werden dort nur noch Tafeltrauben geerntet.

Die berühmte Moschee in Quom.

Die Gewürzstraße bringt den Aufschwung

Unter Schah dem Großen (1587–1692) wurde die »Gewürzstraße« entscheidend ausgebaut. Sie ging von Südostasien durch Indien und Persien nach Europa, und zwar erst noch über Konstantinopel. Nach der Eroberung dieser Stadt durch die Türken führte der Weg durch Rußland. Die Karawanen folgten dieser Route gerne, zumal mit dem Ausbau der Straße unzählige Karawansereien entstanden, in denen die Kameltreiber nach Einbruch der Dunkelheit auf das köstlichste verpflegt und mit Bauchtanz und anderen Belustigungen unterhalten wurden. Persien blühte im 16. Jahrhundert richtig auf. Entlang der Gewürzstraße vermischte sich der Gebrauch heimischer Lebensmittel mit dem der neuen Gewürze, Samen und Kulturpflanzen. Im Laufe der Jahrhunderte verbreitete sich der Einfluß der persischen Kochkunst über fast alle Länder des Vorderen Orients, insbesondere über den Irak und die Türkei nach Armenien und sogar bis Indien.

Ayatollah Khomeini und der Kaviar

Schon Aristoteles pries um 300 v. Chr. die gute Qualität des Kaviars, der von den Stören des Kaspischen Meeres stammte. Doch erst Anfang diesen Jahrhunderts begannen die Iraner, angeleitet von Russen, mit dem Aufbau ihrer Kaviar-Industrie. Im Jahre 1983 hob

KULINARISCHES PERSIEN

Ayatollah Khomeini die Koranvorschrift auf, die bis dahin allen Moslems den Genuß von schuppenlosen Fischen, und somit auch von Stör und Kaviar, verboten hatte.

No ruz: Das neue Jahr wird gefeiert

Am Abend des 21. März feiern die Iraner das Neujahrsfest No ruz, das nicht mit dem Islam verbunden ist, sondern auf die Zeit des Propheten Zarathustra (um 600 v. Chr.) zurückgeht. Das Essen an diesem Tag läuft nach einem

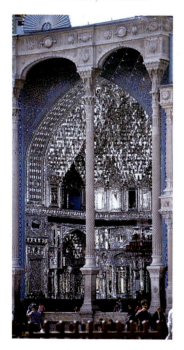

Von nahem fasziniert die glitzernde Fassade der Moschee in Quom.

genau festgelegten Ritual ab. Die Speisen sollen ausschließlich aus Zutaten zubereitet werden, die im Persischen mit dem Buchstaben »S« anfangen. Als Hinweis darauf werden sieben solche Zutaten auf einem Tisch präsentiert: Sumak, Serkeh (Essig), Sabzi (Kräuter), Sir (Knoblauch), Sib (Apfel), Samanu (Süßigkeit), Sendsched (Lotusfrucht). Daneben stellt man noch weitere Dinge, die alle symbolträchtig sind: ein paar Münzen, einen lebenden Goldfisch im Wasserglas, Kerzen, eine Schale mit Rosenblüten, einige rohe Eier auf einem Spiegel und den Koran. Nach einer alten persischen Sage ruht die Weltkugel auf dem Horn eines Stieres. Am Abend von No ruz verlagert der Stier nun die Last von einem auf das andere Horn, was begreiflicherweise mit einer Erschütterung der Erde einhergeht, die sich wiederum in einem leichten Wackeln der Eier auf dem Tisch zeigt. Insbesondere für die Kinder ist es wichtig, die Eier die ganze Zeit zu beobachten, um den Jahreswechsel keinesfalls zu verpassen.

Gastfreundschaft: sprichwörtlich bei den Persern

Nicht nur am hohen Festtag No ruz kann man die edle Gastfreundschaft der Perser kennenlernen. Gäste sind immer ein Geschenk Gottes, und ihnen wird das allerbeste Essen angeboten. Bei der Zubereitung der Mahlzeiten werden auch ungeladene Gäste stets mit einkalkuliert. Ein Gastgeber darf keine einzige Sorgenfalte auf der Stirn haben, denn das könnte die Heiterkeit seiner Gäste trüben. Auch gilt es als ungebührlich, jemanden zu fragen, ob er Hunger habe. Denn die Bescheidenheit gebietet es, diese Frage in jedem Fall zu verneinen.

Im Iran werden die Speisen immer in riesigen Mengen aufgetragen. Trotzdem ist es Sitte, mit dem Essen aufzuhören, noch bevor der Appetit ganz gestillt ist. Denn alles, was übrigbleibt, wird an die ärmere Bevölkerung verschenkt. In einigen Gegenden ist es immer noch Sitte, das Essen auf einem großen Teppich einzunehmen. Es wird eine Art Tischdecke (»Sofreh«) ausgebreitet, auf der alle Speisen plaziert werden. Man ißt mit einem Löffel, ein Messer werden Sie nicht finden. Es gehört nicht zu einem persischen Gedeck.

Persische Küche in Deutschland

Die meisten von uns lernen die Küche des Iran wohl bei persischen Freunden hier in Deutschland kennen. In den letzten Jahren haben zudem eine ganze Reihe persischer Restaurants eröffnet, die uns kulinarisch verwöhnen und uns manchmal sogar mit der Dichtkunst sowie mit der Musik- und Bauchtanztradition bekannt machen.
Fast alle Grundzutaten, die Sie für die Rezepte in diesem Buch

benötigen, sind bei uns problemlos erhältlich. Die etwas spezielleren Zutaten können Sie in türkischen Lebensmittelläden kaufen. Was viele nicht wissen: In unseren Apotheken bekommt man die verschiedensten Gewürze, wie zum Beispiel Bockshornklee- und Angelikasamen, da viele auch als Heilmittel Verwendung finden.

Reis: von Persern hoch geschätzt

Persischer Reis, der bei fast keinem Essen fehlt, kommt zum größten Teil aus den regenreichen Ebenen am Kaspischen Meer. Er wird seit jeher hoch geschätzt. Einmal im Jahr kauft das persische Familienoberhaupt den gesamten Reisbedarf in Säcken. Dabei werden die verschiedenen Sorten genau auf Aussehen, Geruch und Festigkeit geprüft. Wenn Sie die Möglichkeit haben, hierzulande Reis aus dem Iran zu bekommen, sollten Sie diesen ausprobieren. Es empfiehlt sich, ihn vor dem Kochen zu verlesen, gebrochene Reiskörner auszusortieren (in Suppen verwenden!) sowie ihn gründlich zu waschen. Außerdem sollten Sie den Reis etwa 1 Stunde in Salzwasser einweichen, da er in der Regel mindestens ein Jahr gelagert war. Ein gleichwertiger Ersatz ist jeder Langkornreis, insbesondere Basmatireis.

Ausgedehnte Reisfelder sichern ausreichende Ernten, um den hohen Reisbedarf zu decken.

Brot: Löffel und Serviette

Nicht in allen Regionen Persiens ist Reis gleichermaßen verbreitet. In ärmeren Gegenden besteht die Beilage meist aus Fladenbrot, das aus Weizenmehl gebacken wird. Die Iraner kaufen es täglich frisch in der Bäckerei um die Ecke. In ganz Persien wird es zu jedem Gericht gereicht, es dient zum Auftunken der gehaltvollen Saucen und, wenn man mit den Fingern ißt, als Serviettenersatz, den man anschließend aufißt. Auch heute noch gilt es als Sünde, Brot wegzuwerfen oder es auf den Boden fallen zu lassen. Verwenden Sie, wenn es schnell gehen muß, das fertige türkische Fladenbrot, aber backen Sie es noch einmal kurz im Backofen auf.

Früchte: eingefangene Sonne

Früchten kommt in der persischen Küche eine große Bedeutung zu. Aprikosen, Kirschen, Granatäpfel, Datteln, Feigen, Pflaumen, Trauben, Zitrusfrüchte, Äpfel und Quitten werden im Land selbst angebaut. Der lateinische Name des Pfirsichs, »prunus persica«, weist auf seine lange Tradition in Persien hin. Er stammt zwar

KULINARISCHES PERSIEN

Kaschkai, ein Nomadenvolk, leben in der Provinz Jars. Hier eine der farbenfroh gekleideten Frauen beim Hüten der Ziegenherde.

ursprünglich aus China, wurde aber auch in Persien unter idealen Anbaubedingungen kultiviert. Wegen der geringen Luftfeuchtigkeit kann man dort fast alle Früchte problemlos als Trockenobst konservieren. So sind sie auch zu Zeiten verfügbar, in denen sie nicht frisch auf dem Markt angeboten werden. Viele persische Gerichte leben von einem Wechselspiel zwischen süß und sauer. Der Fruchtzucker im Obst nimmt den süßen Part ein, den sauren Part spielt der Saft grüner, unreifer Trauben (aus dem persischen oder türkischen Spezialitätengeschäft) oder der bei uns problemlos erhältliche Zitronensaft. Walnüsse, Pinienkerne, Mandeln und Pistazien werden vor ihrer Verwendung meist geröstet, damit sie ihr volles Aroma entwickeln können.

Kräuter: Dominanz über Gewürze

Wichtig für die persische Küche sind frische Kräuter. Sie verfeinern nicht nur den Geschmack, sondern sollen auch heilsam auf verschiedene innere Organe wirken. Petersilie, Dill, grüne Minze, Koriander und Estragon, um nur die wichtigsten zu nennen, finden sich als Zutaten in vielen Gerichten wieder. In Persien werden einzelne Kräuter üblicherweise fein geschnitten in einer Schale als Beigabe mit auf den Tisch gestellt, und jeder bedient sich nach Geschmack. Seltenere Kräuterarten wie Minze oder Koriander können Sie auf großen Märkten oder in Asien-Läden kaufen. Oder Sie ziehen sie selber in Blumentöpfchen auf der Fensterbank.

Fleisch ordnet sich dem Gemüse unter

Je nach Jahreszeit kommt frisches Gemüse auf den Tisch: Spinat, Staudensellerie, Lauch, rote Beten, Auberginen, Zucchini, Tomaten. Hülsenfrüchte wie Kichererbsen, rote Linsen und weiße Bohnen sind gute Eiweißlieferanten. In Persien ist Gemüse immer Hauptgericht und niemals nur Beilage.

Fleisch wird gewöhnlich in kleine Stücke geschnitten oder in Form von Hackfleisch verwendet. Es soll einem Gericht nur Geschmack verleihen und ist selten die dominierende Zutat. Am häufigsten ißt man Lammfleisch. Der Legende nach glaubten die persischen Ärzte früherer Zeit, daß die Menschen die Eigenschaften der von ihnen verzehrten Tiere annehmen würden. Das Lamm wurde deshalb vorgezogen, weil es mit Unschuld in Verbindung gebracht wurde. Seltener kommen Rind, Huhn oder Kalb auf den Tisch. Schweinefleisch ist aus religiösen Gründen tabu.

Gewürze: bitte ganz vorsichtig

Im Gegensatz zu den Indern würzen die Perser ihre Speisen im allgemeinen nur ganz vorsichtig. Safran und Kurkuma sind die meistverwendeten Gewürze. Safranfäden werden in einem Mörser zu einem feinen Pulver vermahlen, das in heißem Wasser aufgelöst werden muß, bevor es mit Öl in Verbindung gebracht wird. Kurkuma brät man bei fast allen Fleischgerichten zusammen mit Zwiebeln in Öl an. Pfeffer, Kardamom, Zimt, Bockshornklee und Knoblauch werden, wenn auch sehr sparsam, gern verwendet. Mit kleinsten Mengen Rosen- oder Orangenblütenwasser aromatisiert man in Persien Süßspeisen.

Zeit: die wichtigste Zutat

Beim Kochen nimmt man sich in Persien selbst für die einfachsten Gerichte viel Zeit. Suppen und Eintöpfe läßt man stundenlang vor sich hin köcheln. Reis wird eingeweicht, gewaschen, kurz angekocht und dann unter Zugabe von Butter im Dampf gegart. So entsteht Tschello, ein herrlich duftender, sehr lockerer Reis, der als Beilage zu allen Khoresch-Gerichten (siehe rechts) serviert wird. Sie sollten darauf achten, daß Sie niemals den Khoresch über den ganzen Reis geben und beides miteinander vermischen. Dadurch würde der Eigengeschmack vom feinaromatischen Reis verlorengehen.

Im Basar findet man fast alles: von der Kleidung bis zum Fahrrad.

Khoresch: eine Sauce mit Gehalt

»Khoresch« kann man am ehesten mit »Sauce« oder »Eintopf« übersetzen. Es handelt sich um eine Kombination von gebratenem Fleisch mit Obst oder Gemüse, je nachdem, was der Markt gerade hergibt.
Die Rezepte für diese Schmorgerichte sollten Sie nicht als starre Anleitung verstehen. Vielfach können Sie die Fleischart problemlos variieren, also auch einmal Rindfleisch zum Schmoren nehmen oder die Gemüsearten austauschen. Die phantasievolle persische Hausfrau versteht es immer wieder, etwas zuzubereiten, was die Augen verblüfft und den Gaumen kitzelt. Der berühmteste Khoresch ist der Khoresch-e fesendschan (Rezept Seite 40), was übersetzt bedeutet: »Genieße ihn, und du wirst leben.« Was für ein toller Name für dieses wunderbare Gericht!

Reiskochen: jetzt ganz modern

In den Städten ist heutzutage ein elektrischer Reiskocher (Pollopaz) weit verbreitet. Er erleichtert das tägliche Reiskochen, wobei sogar die beliebte Kruste am Boden entsteht. Natürlich wird dieser Reis nicht so flockig und duftend wie bei der traditionellen Zubereitung. Sollten sich Gäste ansagen, wird die Hausfrau meist auf die herkömmliche Methode zurückgreifen.

KULINARISCHES PERSIEN

Pollos: Reisgerichte mit Pfiff

Anfänglich wird der Reis wie für Tschello vorbereitet, dann aber werden alle Zutaten direkt hinzugegeben, vermengt und in einem Topf gegart. Hierzu eignen sich am besten eine Kasserolle oder ein Bräter, denn der Reis soll am Topfboden eine möglichst große knusprige Schicht bilden, die als besondere Delikatesse betrachtet wird. Andere in Persien für die Zubereitung von Tschello und Eintopfgerichten übliche Kochgeräte sind schwere Pfannen und große Töpfe. In ländlichen Gegenden sind die Gefäße oft noch aus Kupfer (mit Zinn überzogen) oder Messing, während sich in den Städten Edelstahl und Aluminium durchgesetzt haben.

Dizi: der Henkelmann der ländlichen Bevölkerung

Aus Aluminium ist auch der »Dizi« genannte kleine, schmale Topf, der genau eine Mittagsration faßt und der als Transport- und Aufwärmgefäß für den gleichermaßen als »Dizi« bezeichneten Eintopf verwendet wird (Rezept Seite 48). Seine Hauptbestandteile sind Lammfleisch, Kichererbsen, Bohnen und Brühe. Dieses herzhafte Schmorgericht ist ein typisches Außer-Haus-Essen der persischen Teppichweber und -wäscher und wird bereits am Vortag zubereitet. Einige persische Restaurants folgen dieser Tradition und servieren den Lammeintopf ebenfalls im Dizi. Im Gegensatz zum deutschen Henkelmann wird aus dem Dizi jedoch nicht gegessen. Zunächst gibt man einen Teil der Brühe in einen tiefen Teller und genießt ihn als Suppe. Dann schüttet man den restlichen Eintopf auf den Teller und zerstampft ihn mit einem Stößel zu einem glatten Püree.

Kababs: hochentwickelte Grillkunst

Neben den Eintöpfen ist auf dem Land eine weitere einfache Zubereitungsart sehr populär: das Grillen von Spießen auf einem primitiven Eisenrost, unter dem ein Holzkohlenfeuer glüht. In früheren Zeiten hieß die Küche in Persien »kabab-khaneh«, was soviel wie »Ort zum Grillen« heißt. Gegrillt wird Fleisch aller Art, auch Hackfleisch, sowie in der Gegend um das Kaspische Meer Fisch (hauptsächlich Stör). Die Spieße selbst sind aus Eisen gefertigt und etwa 1 cm breit.

Tschello Kabab: das Nationalgericht

Dieses Gericht ist eine Kombination aus Tschello und dünnem, mariniertem Lammfleisch, das aufgespießt über glühenden Holzkohlen gegrillt wird. Man serviert es mit einem rohen Eigelb, einer Grilltomate, etwas Butter und Sumak, das sind getrocknete Beeren, die Sie als Gewürz gemahlen in türkischen Lebensmittelgeschäften kaufen können. Die Qualität dieses Gerichtes hängt von der des Fleisches ab. Im Iran gibt es Restaurants, die nur Tschello Kabab anbieten, und zwar in unterschiedlichen Fleischqualitäten, was sich im Preis bemerkbar macht. Am preiswertesten ist das Tschello Kabab-e kubideh, der Hackfleischspieß.

Tee: ständig verfügbar

Ein weiteres wichtiges Gerät in jedem persischen Haushalt ist der Samowar, der Tee ständig verfügbar hält, denn dieser wird zu allen Tageszeiten in großen Mengen getrunken. Es gibt kaum eine Unterhaltung, so kurz sie auch sein mag, bei der man nicht sofort Tee angeboten bekommt. Auch viele Ladengeschäfte halten Tee für ihre Kundschaft bereit. Der Tee ist meist stärker als bei uns, und man genießt ihn normalerweise aus dünnwandigen, kleinen Gläsern. Oft werden Süßigkeiten oder Trockenfrüchte dazu gereicht, die den bitteren Geschmack ausgleichen sollen.

Typische Zutaten der persischen Küche: 1. Tamarindenmark, 2. Kurkuma, 3. Koriandersamen, 4. Berberitze, 5. Saft von unreifen Trauben, 6. Angelikasamen, 7. Kardamom, 8. Safran, 9. Sumak (gemahlen), 10. Bockshornklee.

KULINARISCHES PERSIEN

SUPPEN UND VORSPEISEN

Zwiebelsuppe mit Kartoffeln

Eschkeneh

Zutaten für 4 Personen:
3 Zwiebeln
6 EßI. Olivenöl
1 EßI. Mehl
1 Teel. Kurkuma
1/2 Teel. Bockshornkleesamenpulver (Apotheke)
3 Kartoffeln
1 Zitrone
1 Teel. Zucker
Salz
schwarzer Pfeffer, frisch gemahlen
2 Eier

Vegetarisch

Pro Portion etwa:
1000 kJ/240 kcal
6 g Eiweiß · 15 g Fett
22 g Kohlenhydrate

- Zubereitungszeit: etwa 1 1/2 Stunden

1. Die Zwiebeln schälen, 1 in dünne Scheiben schneiden, die anderen fein hacken. Das Olivenöl in einem Topf erhitzen und die Zwiebelscheiben bei mittlerer Hitze darin etwa 7 Minuten andünsten.

2. Die Zwiebelscheiben mit einem Schaumlöffel herausnehmen und beiseite stellen. Die gehackten Zwiebeln im Bratfett in etwa 5 Minuten glasig anrösten.

3. Das Mehl, die Kurkuma und das Bockshornkleepulver dazugeben und etwa 3 Minuten unter Rühren mitdünsten. Die Kartoffeln waschen, schälen, vierteln und in den Topf zu den Zwiebeln geben.

4. 1 l Wasser angießen, einmal aufkochen lassen und etwa 20 Minuten bei schwacher Hitze zugedeckt köcheln lassen. Die Zitrone auspressen und den Saft hinzugeben. Die Suppe mit dem Zucker, Salz und Pfeffer abschmecken und weitere 15 Minuten köcheln lassen.

5. Die Eier in einer Schüssel verquirlen, leicht salzen und langsam in die Suppe gießen. Nach kurzer Zeit stockt das Ei, und die Suppe ist fertig.

Pistazien-Orangen-Suppe

Soup-e pesteh

Das Wort »Pistazie« kommt von dem persischen Ausdruck »pesteh«. Diese wohlschmeckende Nuß ist im Iran heimisch.

Zutaten für 4 Personen:
300 g Pistazien mit Schale (oder 150 g geschälte)
3 EßI. Olivenöl
1 EßI. Mehl
750 ml Hühnerbrühe
schwarzer Pfeffer, frisch gemahlen
Salz
100 ml Orangensaft
1 Frühlingszwiebel

Gelingt leicht

Pro Portion etwa:
1300 kJ/310 kcal
8 g Eiweiß · 25 g Fett
11 g Kohlenhydrate

- Zubereitungszeit: etwa 40 Minuten

1. Die Schalen von den Pistazien entfernen. Die Nüsse in einem Mörser oder in der Küchenmaschine zerkleinern.

2. Einen Topf stark erhitzen. Die gemahlenen Pistazien hineingeben und etwa 3 Minuten anrösten. Ständig umrühren, damit nichts anbrennt. Wenn sich das Pistazienmehl leicht verfärbt und sich das herrliche Aroma entfaltet, die Masse in eine Schüssel umfüllen.

3. Im gleichen Topf das Olivenöl erhitzen und das Mehl bei mittlerer Hitze darin bräunen. Die Hühnerbrühe angießen und zum Kochen bringen.

4. Die Pistazien dazugeben, alles mit Pfeffer und Salz abschmecken und bei schwacher Hitze etwa 25 Minuten köcheln lassen. Dann den Orangensaft angießen und die Suppe vom Herd nehmen.

5. Die Frühlingszwiebel waschen, putzen, in feine Röllchen schneiden und als Garnitur auf die Suppe streuen.

Im Bild vorne:
Pistazien-Orangen-Suppe
Im Bild hinten:
Zwiebelsuppe mit Kartoffeln

SUPPEN UND VORSPEISEN

SUPPEN UND VORSPEISEN

Joghurtsuppe mit Kichererbsen und Linsen

Asch-e mast

Die Perser sagen, daß diese Suppe erst richtig gut schmeckt, wenn sie nicht vom selben Tag und auch nicht vom vorigen stammt. Da alles verwendet werden darf, was gerade zur Hand ist, kann man die Suppe auch als Verwandte der italienischen Gemüsesuppe, also als »persische Minestrone«, bezeichnen. Jede Hausfrau schwört auf ihr Rezept. Aber bei allen Varianten besticht die Fülle von frischen Kräutern. Die Joghurtsuppe ist so gehaltvoll, daß sie auch als Hauptgericht gereicht werden kann.

Zutaten für 4–6 Personen:
100 g Kichererbsen
2 Zwiebeln
100 g Rinderhackfleisch
Salz
schwarzer Pfeffer, frisch gemahlen
6 Eßl. Olivenöl
1/2 Teel. Kurkuma
100 g rote Linsen
50 g Reis
1 Bund glatte Petersilie
1 Bund Schnittlauch
1 Bund frischer Koriander
1/2 Bund Dill
4 Zweige Estragon
2 Knoblauchzehen
einige grüne Minzeblätter
400 g Joghurt
150 g saure Sahne oder Schmant

Braucht etwas Zeit
Für Gäste

Bei 6 Personen pro Portion etwa:
1465 kJ/345 kcal
15 g Eiweiß · 12 g Fett
29 g Kohlenhydrate

- Quellzeit: etwa 6 Stunden
- Zubereitungszeit: etwa 2 1/2 Stunden

1. Die Kichererbsen etwa 6 Stunden in reichlich Wasser einweichen. Danach in ein Sieb abgießen und abtropfen lassen.

2. Die Zwiebeln schälen und fein hacken. Das Hackfleisch in eine Schüssel geben und mit der Hälfte der Zwiebeln vermengen. Gründlich salzen und pfeffern. Aus der Masse walnußgroße Bällchen formen und beiseite legen.

3. In einem großen Topf 4 Eßlöffel Olivenöl erhitzen. Die restlichen Zwiebelstücke darin bei schwacher Hitze in etwa 6 Minuten goldbraun dünsten. Salzen, pfeffern und 1/4 Teelöffel Kurkuma hinzugeben. Etwa 1 1/2 l Wasser angießen, die Kichererbsen hinzugeben, alles zum Kochen bringen und bei mittlerer Hitze zugedeckt etwa 30 Minuten köcheln lassen.

4. Inzwischen die Linsen verlesen und waschen. Mit dem Reis und den Hackfleischbällchen in die Suppe geben und diese zugedeckt weitere 20 Minuten köcheln lassen.

5. In der Zwischenzeit alle Kräuter (außer der Minze) gründlich waschen, trockenschütteln, von groben Stielen befreien, hacken und in die Suppe einrühren. Bei schwacher Hitze noch etwa 1 1/4 Stunden garen. Dabei gelegentlich umrühren und eventuell heißes Wasser nachgießen.

6. Nach etwa 1 Stunde die Knoblauchzehen schälen und fein hacken. In einem Topf das restliche Olivenöl erhitzen. Den Knoblauch darin mit der übrigen Kurkuma bräunen. Die Minze fein hacken und dazugeben. Diese Garnitur warm stellen.

7. Den Joghurt in eine Schüssel geben und 3 Eßlöffel heiße Suppe unterrühren. Das Gemisch dann langsam unter Rühren zur restlichen Suppe geben und den Topf vom Herd nehmen.

8. Die Suppe in Schalen gießen und jeweils 1 Eßlöffel saure Sahne oder Schmant darauf geben. Dann die Minze-Knoblauch-Garnitur darauf setzen. Dazu paßt Fladenbrot.

Diese köstliche, erfrischende Suppe schmeckt wirklich am nächsten oder übernächsten Tag noch besser.

SUPPEN UND VORSPEISEN

SUPPEN UND VORSPEISEN

Spinatsalat mit Joghurt

Borani-e esfenadsch

Zutaten für 4 Personen:
600 g Blattspinat
1 Zwiebel
2 Eßl. Olivenöl
1/4 Teel. Kurkuma
150 g Joghurt
50 g saure Sahne
2 Knoblauchzehen
schwarzer Pfeffer, frisch gemahlen
Salz

Vegetarisch

Pro Portion etwa:
440 kJ/100 kcal
6 g Eiweiß · 7 g Fett
5 g Kohlenhydrate

- Zubereitungszeit: etwa 35 Minuten
- Kühlzeit: etwa 1 Stunde

1. Den Spinat waschen, verlesen und zum Abtropfen in ein Sieb geben. Dann möglichst klein schneiden.

2. Die Zwiebel schälen und fein hacken. Das Olivenöl in einem großen Topf erhitzen und die Zwiebel darin bei schwacher Hitze in etwa 6 Minuten goldbraun dünsten. Die Kurkuma einrühren und den Spinat dazugeben. Etwa 100 ml Wasser angießen. Den Spinat zugedeckt bei starker Hitze zusammenfallen lassen. Dabei ab und zu umrühren, den Topf immer wieder verschließen und alles 3–4 Minuten garen, bis der Spinat weich ist.

3. Den Spinat in ein Sieb geben und abkühlen lassen. Den Joghurt und die saure Sahne in einer großen Schüssel mischen. Den Knoblauch schälen, durch die Presse in die Masse drücken und gut unterrühren. Den Spinat unterheben und alles mit Pfeffer und Salz abschmecken. Den Spinatsalat etwa 1 Stunde kalt stellen und mit Fladenbrot servieren.

Gurkenjoghurt mit Rosinen

Mast-o khiar

Zutaten für 4 Personen:
1 Salatgurke (etwa 600 g)
1 kleine Zwiebel
50 g Rosinen
150 g Joghurt
100 g saure Sahne
2 Eßl. Dillspitzen
1 Eßl. grüne Minzeblätter, fein gehackt
2 Eßl. Walnüsse, fein gerieben
2 Knoblauchzehen
schwarzer Pfeffer, frisch gemahlen
Salz

Läßt sich gut vorbereiten

Pro Portion etwa:
660 kJ/160 kcal
5 g Eiweiß · 8 g Fett
16 g Kohlenhydrate

- Zubereitungszeit: etwa 20 Minuten
- Kühlzeit: etwa 30 Minuten

1. Die Salatgurke waschen, von Stiel- und Blütenansätzen befreien und schälen. Dann in feine Streifen schneiden oder auf der Rohkostreibe in eine Schüssel raspeln.

2. Die Zwiebel schälen, fein hacken und zur Gurke geben. Die Rosinen verlesen, von kleinen Stielchen befreien, kurz mit heißem Wasser abspülen und hinzufügen.

3. Den Joghurt, die saure Sahne, den Dill, die Minze und die Walnüsse ebenfalls in die Schüssel geben. Den Knoblauch schälen, durch die Presse in die Masse drücken, alles gut verrühren und mit Pfeffer und Salz abschmecken. Zum Durchziehen etwa 30 Minuten in den Kühlschrank stellen.

Im Bild vorne:
Gurkenjoghurt mit Rosinen
Im Bild hinten: Spinatsalat mit Joghurt

SUPPEN UND VORSPEISEN

Kräuter-omelett

Kuku-ye sabzi

Zutaten für 4 Personen:
100 g glatte Petersilie
je 50 g Dill und Koriander
2 Frühlingszwiebeln
4 EßI. Olivenöl
5 Eier · 2 Teel. Mehl
1 Teel. Backpulver
1/2 Teel. Bockshornkleesamenpulver
(Apotheke)
schwarzer Pfeffer, frisch gemahlen
Salz · 2 EßI. Butter

Berühmtes Rezept

Pro Portion etwa:
1200 kJ/290 kcal
11 g Eiweiß · 22 g Fett
5 g Kohlenhydrate

- Zubereitungszeit: etwa
  1 1/4 Stunden

1. Die Kräuter waschen und fein hacken. Die Frühlingszwiebeln waschen, in feine Röllchen schneiden.

2. Den Backofen auf 200° vorheizen. Das Olivenöl in eine große Auflaufform geben und diese in den Backofen (Mitte; Umluft 180°) schieben.

3. Die Eier in einer Schüssel mit einer Gabel verrühren. Das Mehl, das Backpulver und das Bockshornkleepulver einrühren. Alle Kräuter unterheben. Pfeffern und salzen.

4. Die Auflaufform aus dem Backofen nehmen, das Öl auch am Formrand verteilen und die Eiermasse vorsichtig hineingießen. Das Omelett 20–25 Minuten im Ofen (Mitte) backen.

5. Die Butter in kleinen Flocken auf dem Omelett verteilen. In weiteren 15 Minuten im Ofen fertig garen, bis die Oberseite gut gebräunt ist.

Gefüllte Äpfel mit Hackfleisch

Dolmeh-ye sib

Zutaten für 4 Personen:
4 große Äpfel (zum Beispiel Boskop)
50 g rote Linsen
1 Zwiebel · 3 EßI. Olivenöl
200 g Rinderhackfleisch
1 EßI. Tomatenmark
1 Teel. Zimtpulver · Salz
schwarzer Pfeffer, frisch gemahlen
150 ml Tomatensaft
1 Zitrone · 1 EßI. Zucker
50 ml Apfelessig · 1 EßI. Butter

Raffiniert

Pro Portion etwa:
1400 kJ/330 kcal
13 g Eiweiß · 15 g Fett
36 g Kohlenhydrate

- Zubereitungszeit: etwa
  2 Stunden

1. Die Äpfel waschen und trockenreiben. Jeweils das obere Viertel samt Stiel abschneiden. Mit einem Kugelausstecher das Kerngehäuse und so viel Fruchtfleisch aus den Früchten herauslösen, daß möglichst große Hohlräume entstehen. Das Fruchtfleisch mit dem Pürierstab pürieren.

2. Den Backofen auf 180° vorheizen. Die roten Linsen in heißem Salzwasser bei starker Hitze etwa 5 Minuten garen. Abtropfen lassen.

3. Die Zwiebel schälen und fein hacken. Das Olivenöl in einem Topf erhitzen. Das Hackfleisch und die Zwiebel darin bei mittlerer Hitze anbraten. Das Tomatenmark, die Linsen und den Zimt hinzufügen und alles etwa 5 Minuten unter ständigem Rühren weiterbraten. Mit Salz und Pfeffer abschmecken, vom Herd nehmen.

4. Die Hackfleischfüllung mit einem Eßlöffel in die Äpfel drücken, diese nebeneinander in eine Auflaufform geben und den oberen Teil wieder aufsetzen. Den Tomatensaft und etwa 100 ml Wasser dazugießen. Das Gericht etwa 30 Minuten im Ofen (Mitte; Umluft 200°) backen.

5. Die Zitrone auspressen. Den Saft mit dem Zucker, dem Essig, der Butter und dem übriggebliebenen Apfelpüree in einem Topf zum Kochen bringen. Über die Äpfel giessen. Diese noch etwa 1 Stunde backen. Dabei mehrmals mit der Garflüssigkeit übergießen.

Im Bild vorne: Kräuteromelett
Im Bild hinten:
Gefüllte Äpfel mit Hackfleisch

SUPPEN UND VORSPEISEN

SUPPEN UND VORSPEISEN

Rote-Bete-Joghurt

Mast-o labu

Im Winter bieten persische Straßenverkäufer an jeder Ecke gekochte und ungeschälte rote Beten feil. Im Handumdrehen wird daraus das folgende einfache, aber schmackhafte und gesunde Gericht.

Zutaten für 4 Personen:
500 g rote Beten · Salz
150 g Joghurt · 100 g saure Sahne
1 Eßl. grüne Minzeblätter

Preiswert

Pro Portion etwa:
340 kJ/81 kcal
3 g Eiweiß · 3 g Fett
12 g Kohlenhydrate

- Zubereitungszeit: etwa 1 1/2 Stunden

1. Etwa 200 ml Wasser in einen Topf geben, salzen und zum Kochen bringen. Zwischenzeitlich die roten Beten gründlich abspülen (dabei die Schale nicht verletzen). In das kochende Wasser geben und zugedeckt etwa 1 Stunde bei schwacher Hitze dämpfen, bis sie gar sind.

2. Die roten Beten unter fließendem Wasser schälen, in kleine Würfel schneiden, in eine Schüssel geben und salzen. Erst kurz vor dem Servieren den Joghurt und die saure Sahne unterheben. Die Minze waschen, trockentupfen, fein hacken und darüber streuen.

Pinienkerne in Weinblättern

Domeh-ye barg-e mo ba seno bar

Zutaten für etwa 30 Stück (6 Personen):
30 Weinblätter, frisch oder eingelegt
Salz · 2 große Zwiebeln
1/2 Teel. Kurkuma
4 Eßl. Olivenöl
100 g Rundkornreis
200 g Pinienkerne
1/2 Bund glatte Petersilie
1/2 Bund Dill
einige Estragonblätter
einige grüne Minzeblätter
1/2 Teel. Zimtpulver
schwarzer Pfeffer, frisch gemahlen
100 g Tamarindenmark, ersatzweise
Saft von 2 Zitronen · 60 g Butter

Vegetarisch

Pro Portion etwa:
1900 kJ/450 kcal
6 g Eiweiß · 34 g Fett
21 g Kohlenhydrate

- Zubereitungszeit: etwa 2 1/2 Stunden

1. Frische Weinblätter waschen und entstielen, eingelegte kurz abspülen. Dann etwa 5 Minuten in kochendem Salzwasser blanchieren, abschrecken und abtropfen lassen. Die Zwiebeln schälen und sehr fein hacken. Die Zwiebeln und die Kurkuma in 3 Eßlöffeln Öl unter Rühren bräunen.

2. Den Reis unter die Zwiebeln rühren, mit etwa 1/4 l Wasser ablöschen und zum Kochen bringen. Bei mittlerer Hitze etwa 15 Minuten köcheln lassen, bis der Reis die Flüssigkeit aufgesogen hat. Inzwischen das restliche Olivenöl erhitzen und die Pinienkerne darin goldbraun rösten.

3. Die Kräuter waschen, trockenschütteln und fein hacken. Die Kräuter, den Reis und die Pinienkerne mit dem Zimt gut verrühren. Mit Salz und Pfeffer abschmecken.

4. 1 Weinblatt mit der rauhen Seite nach oben auf ein Küchenbrett legen und 1 gehäuften Teelöffel Reismasse in der Mitte plazieren. Den unteren Teil des Blattes über die Masse schlagen, die beiden Seiten darüber legen, alles zusammenrollen. Mit den anderen Blättern ebenso verfahren. Die Blätter nebeneinander mit der »offenen« Seite nach unten in einen Bräter setzen. Den Backofen auf 180° vorheizen.

5. Das Tamarindenmark in etwa 300 ml heißem Wasser etwa 15 Minuten einweichen. Danach den Block gut auspressen und den Sud über die gefüllten Röllchen sieben. Die Butter in Flocken darübergeben und die Weinblätter zugedeckt etwa 1 Stunde im Ofen (Mitte; Umluft 160°) garen. Mit frischem Joghurt und Fladenbrot servieren.

Bild oben: Rote-Bete-Joghurt
Bild unten:
Pinienkerne in Weinblättern

SUPPEN UND VORSPEISEN

Auberginen-püree

Halim-e bademdschan

In Persien bezeichnet man die Aubergine als den »Kaviar des einfachen Mannes«. Sie ist Hauptbestandteil dieses herrlichen Gerichts.

Zutaten für 6–8 Personen:
300 g Lammfleisch (Keule)
3 EßI. Butterschmalz
2 Zwiebeln
200 g rote Linsen
500 g Auberginen (möglichst kleine Früchte)
200 g saure Sahne oder Joghurt
schwarzer Pfeffer, frisch gemahlen
Salz
Für die Garnitur:
1 kleine Zwiebel
1 Knoblauchzehe
2 EßI. Butterschmalz
1 Teel. Walnüsse, fein gehackt
1 Teel. Kurkuma
1 Teel. grüne Minzeblätter

Raffiniert

Bei 8 Personen pro Portion etwa:
1350 kJ/320 kcal
15 g Eiweiß · 21 g Fett
17 g Kohlenhydrate

- Zubereitungszeit: etwa 2 1/2 Stunden

1. Das Lammfleisch waschen, trockentupfen und in Würfel schneiden. Das Butterschmalz in einem großen Topf erhitzen, das Fleisch darin bei starker Hitze von allen Seiten kräftig anbraten.

2. Inzwischen die Zwiebeln schälen und fein hacken. Zum Fleisch in den Topf geben und etwa 10 Minuten mitbraten. Etwa 1 1/2 l Wasser angießen. Die Linsen verlesen, waschen und hinzufügen. Den Topf verschließen und alles bei schwacher Hitze etwa 1 1/2 Stunden köcheln lassen. Dabei immer wieder umrühren.

3. Den Backofen auf 220° vorheizen. Die Auberginen waschen, an mehreren Stellen mit einem Zahnstocher einstechen und in einer feuerfesten Auflaufform etwa 15 Minuten in den Ofen (Mitte; Umluft 200°) geben. Sollte sich die Haut aufblähen, nochmals einstechen, damit der Wasserdampf entweichen kann.

4. Die Auberginen aus dem Ofen nehmen und kurz abkühlen lassen. Danach das Innere (»Kaviar«) mit einem Löffel von der Haut ablösen.

5. Das Auberginenfleisch zum Lamm geben und alles zugedeckt weitere 30 Minuten köcheln lassen. Wenn die Masse zu dick geworden ist, heißes Wasser dazugießen. Ab und zu umrühren.

6. Inzwischen für die Garnitur die Zwiebel und die Knoblauchzehe schälen und fein hacken. Das Butterschmalz in einem Topf erhitzen. Die Zwiebel, den Knoblauch, die Walnüsse und die Kurkuma hinzugeben und alles bei starker Hitze etwa 7 Minuten bräunen. Die Garnitur warm stellen.

7. Die Auberginen-Lamm-Mischung mit einem Pürierstab zu einer glatten Masse verarbeiten. Diese bei mittlerer Hitze unter Rühren so lange weitergaren, bis ein fester Brei entsteht, der sich vom Topfrand ablöst.

8. Das Püree vom Herd nehmen und die saure Sahne oder den Joghurt unterheben. Mit Salz und Pfeffer abschmecken. Das Püree auf Suppenteller verteilen und je 1 Eßlöffel Garnitur darauf setzen. Die frischen Minzeblätter fein hacken und darüber streuen. Mit Fladenbrot servieren.

Varianten:
Auberginenpüree mit Eiern (Mirsa ghassemi):
Etwa 700 g Auberginen wie in Schritt 3 und 4 vorbereiten und pürieren. 3–4 geschälte und fein gehackte Knoblauchzehen und 1 Teelöffel Kurkuma in 1 Eßlöffel Öl anbraten, die Auberginenmasse, 3 verquirlte Eier und 2 Eßlöffel Tomatenmark hinzugeben und gut verrühren. Sofort servieren.

Auberginenpüree mit Walnüssen (Schischandas):
150 g gemahlene Walnüsse in 400 ml Wasser etwa 45 Minuten köcheln lassen, bis Walnußöl auf der Wasseroberfläche zu sehen ist. In der Zwischenzeit 700 g Auberginen wie in Schritt 3 und 4 vorbereiten und pürieren. 1/4 Teelöffel Zimtpulver und 1 Eßlöffel Granatapfelsirup mit den pürierten Auberginen zu den Nüssen geben und noch 10–15 Minuten unter ständigem Rühren weiterköcheln lassen, bis ein festes Püree entsteht.

SUPPEN UND VORSPEISEN

BEILAGEN UND REIS

Fladenbrot
Nan-e taftun

Zutaten für etwa 6 Fladen:
20 g frische Hefe (ersatzweise 1 Päckchen Trockenhefe)
1 Teel. Salz · 450 g Mehl
50 g weiche Butter
1/4 l Milch · 1 Eigelb
1 Eßl. Sesamsamen und 1 Eßl. schwarzer Kümmel zum Bestreuen
Butter für das Backblech

Braucht etwas Zeit

Pro Fladen etwa:
1600 kJ/380 kcal
11 g Eiweiß · 12 g Fett
56 g Kohlenhydrate

- Zubereitungszeit: etwa
3 1/4 Stunden (davon etwa
2 1/2 Stunden Ruhezeit)

1. Die Hefe in eine Schüssel mit etwa 100 ml lauwarmem Wasser bröckeln und verrühren. Das Salz und 1 Eßlöffel Mehl hineinrühren, den Teig zugedeckt etwa 10 Minuten gehen lassen.

2. Die Butter und die Milch dazugeben und glattrühren. Das restliche Mehl sieben und etwa zwei Drittel davon nach und nach in die Flüssigkeit einrühren, bis ein relativ flüssiger Teig entstanden ist. Den Teig abdecken und an einem warmen Ort etwa 1 1/2 Stunden gehen lassen, bis sich sein Volumen etwa verdoppelt hat.

3. Den Teig etwa 15 Minuten durchkneten und dabei das restliche Mehl einarbeiten. Abgedeckt noch etwa 1 Stunde ruhen lassen.

4. Den Backofen auf 250° (Umluft 230°) vorheizen. Das Backblech einfetten.

5. Den Teig mit bemehlten Händen nochmals durchkneten und in sechs gleich große Portionen teilen. Diese zu Kugeln formen und auf einer bemehlten Arbeitsfläche mit dem Nudelholz zu einem dünnen Fladen auswalzen (etwa 30 cm Durchmesser).

6. Einen Fladen auf das Backblech legen, mit einem Messer Verzierungen anbringen, mit etwas Eigelb bestreichen, mit Sesam und schwarzem Kümmel bestreuen und in den vorgeheizten Ofen (oben) geben. Etwa 3 Minuten backen, dann wenden und von der anderen Seite weitere 3 Minuten backen. Genauso mit den anderen Fladen verfahren.

Barbaribrot
Nan-e barbari

Zutaten für 6–8 Personen:
42 g Hefe
750 g Mehl · 2 Teel. Salz
2 Eßl. Pflanzenöl
Fett zum Formen und zum Bestreichen

Preiswert

Bei 8 Personen pro Portion etwa:
1400 kJ/330 kcal
11 g Eiweiß · 3 g Fett
67 g Kohlenhydrate

- Zubereitungszeit: etwa
3 Stunden (davon etwa
1 1/2 Stunden Ruhezeit)

1. Die Hefe in einer Schüssel mit etwa 50 ml lauwarmem Wasser verrühren und etwa 10 Minuten stehenlassen. Danach 3 Eßlöffel Mehl unterrühren und diesen Vorteig zugedeckt an einem warmen Ort etwa 1 Stunde gehen lassen.

2. Das restliche Mehl in eine Schüssel geben (etwas Mehl zurückbehalten), etwa 280 ml lauwarmes Wasser, das Salz und das Öl hinzufügen und alles mit dem Vorteig in etwa 10 Minuten zu einem Teig verkneten.

3. Die Hände und das Nudelholz einfetten. Den Teig in vier gleich große Portionen teilen, diese zu ovalen Laiben formen und mit dem Nudelholz etwa 1 cm dick ausrollen.

4. Die Brote auf das gefettete Blech geben, zugedeckt weitere 20 Minuten gehen lassen. Inzwischen den Backofen auf 240° (Umluft 220°) vorheizen.

5. Die Oberseite der Brote mit Öl bepinseln und mit einem Messer Muster einritzen. Im Ofen (Mitte) 10–15 Minuten backen, bis die Brote leicht gebräunt sind.

Im Bild vorne: Barbaribrot
Im Bild hinten: Fladenbrot

BEILAGEN UND REIS

Gedämpfter Reis

Tschello

Zutaten für 4 Personen:
300 g Langkornreis (Basmati)
Salz · 40 g Butterschmalz
einige Butterstücke
1/4 Teel. Safranpulver

Gelingt leicht

Pro Portion etwa:
1600 kJ/380 kcal
6 g Eiweiß · 14 g Fett
55 g Kohlenhydrate

- Quellzeit: 20–30 Minuten
- Zubereitungszeit: etwa 30 Minuten

1. Den Reis in eine Schüssel geben, mit Wasser bedecken und waschen. Dann 20–30 Minuten in reichlich Wasser mit 1 Eßlöffel Salz einweichen.

2. Den Reis abtropfen lassen. Etwa 1 1/2 l Wasser mit 1 Teelöffel Salz zum Kochen bringen. Den Reis hineinschütten und aufkochen lassen. Ab und zu umrühren und etwa 2 Minuten bei starker Hitze kochen lassen. Den Reis in ein Sieb geben und kalt abspülen, abtropfen lassen.

3. Im gleichen Topf das Butterschmalz zerlassen und etwa 30 ml Wasser angießen. Den vorgegarten Reis in den Topf zurückgeben und zur Topfmitte hin zu einem Hügel auftürmen. Die Butterstücke darauf verteilen. Den Deckel in ein Küchentuch schlagen und fest aufsetzen. Das Gericht bei mittlerer Hitze etwa 15 Minuten dämpfen. Dann den Herd abstellen und den Reis etwa 5 Minuten nachgaren lassen.

4. Den Safran in etwas heißem Wasser auflösen. 4 Eßlöffel vom gekochten Reis hinzufügen und einfärben. Die gelben Reiskörner unter den Reis heben und diesen anrichten.

Variante:

Die Perser lieben diese Beilage mit einer leckeren Kruste. Dazu nehmen Sie ein Drittel vom vorgegarten Reis und vermengen ihn mit einer Mischung aus 1 Eigelb, 1 Eßlöffel Joghurt und dem Safran. Dieser Reis kommt zuunterst in den großen Topf (ohne Wasser) und wird glattgestrichen. Darüber türmen Sie den restlichen Reis auf und dämpfen ihn wie angegeben. Nach dem Garen den Topf kurz in kaltes Wasser stellen, damit sich die Kruste löst.

Reis mit Kartoffelkruste

Tschello ta dig

Zutaten für 4 Personen:
300 g Langkornreis (Basmati)
Salz
2–3 Kartoffeln
7 Eßl. Butter

Braucht etwas Zeit

Pro Portion etwa:
2000 kJ/480 kcal
7 g Eiweiß · 21 g Fett
66 g Kohlenhydrate

- Quellzeit: 20–30 Minuten
- Zubereitungszeit: etwa 1 1/2 Stunden

1. Den Reis in eine Schüssel geben, mit Wasser bedecken, waschen, dann 20–30 Minuten in reichlich Wasser mit 1 Eßlöffel Salz einweichen.

2. Den Reis abtropfen lassen. Etwa 1 1/2 l Wasser mit 1 Teelöffel Salz zum Kochen bringen. Den Reis hineinschütten und aufkochen lassen. Ab und zu umrühren und etwa 2 Minuten bei starker Hitze kochen lassen. Den Reis kalt abspülen und abtropfen lassen.

3. Die Kartoffeln waschen, schälen und in etwa 1/2 cm dünne Scheiben schneiden. In einer Kasserolle 4 Eßlöffel Butter zerlassen. Die Kartoffelscheiben durch die Butter ziehen und den Boden und die Seiten der Kasserolle damit auslegen. Den Reis im Topf glattstreichen und etwas andrücken. Die restliche Butter in kleinen Stücken darauf verteilen. Den Topfdeckel in ein Küchentuch schlagen, fest aufsetzen und beschweren.

4. Das Gericht zuerst etwa 5 Minuten bei mittlerer Hitze, dann 45 Minuten bei schwächster Hitze dämpfen. Den Topf etwa 2 Minuten in kaltes Wasser stellen, damit sich die Kartoffelkruste löst.

Im Bild vorne:
Reis mit Kartoffelkruste
Im Bild hinten: Gedämpfter Reis

BEILAGEN UND REIS

Reiskuchen

Kateh

Zutaten für 4 Personen:
300 g Langkornreis (Basmati)
2 Teel. Salz · 50 g Butterschmalz
1 Eßl. Olivenöl

Gelingt leicht

Pro Portion etwa:
1600 kJ/380 kcal
6 g Eiweiß · 16 g Fett
55 g Kohlenhydrate

- Quellzeit: 20–30 Minuten
- Zubereitungszeit: etwa 1 1/2 Stunden

1. Den Reis in eine Schüssel geben, mit Wasser bedecken, waschen und abgießen. Dann den Reis in eine tiefe Pfanne geben, das Salz und etwa 1/2 l Wasser hinzufügen und 20–30 Minuten quellen lassen.

2. Den Reis zum Kochen bringen. Gelegentlich umrühren und bei mittlerer Hitze etwa 15 Minuten kochen lassen, bis das Wasser vollständig aufgesogen ist.

3. Die Hitze reduzieren. Das Butterschmalz in Streifen schneiden und auf der Reisfläche verteilen. Das Olivenöl auf den Reis tröpfeln, den Reis mit der Rückseite eines Löffels andrücken. Den Pfannendeckel in ein Küchentuch schlagen und fest auf die Pfanne setzen. Bei schwächster Hitze etwa 50 Minuten dämpfen. In dieser Zeit die Pfanne vier- bis fünfmal für etwa 1 Minute starker Hitze aussetzen. (Beim Elektroherd dafür eine andere Kochplatte benutzen!) Danach sollte sich eine Kruste gebildet haben.

4. Die Pfanne vom Herd nehmen und etwa 5 Minuten in kaltes Wasser stellen. Mit einem Messer am Rand entlangfahren und den Reis wie einen Kuchen stürzen.

Reis mit Linsen

Addas pollo

Zutaten für 4 Personen:
300 g Langkornreis (Basmati)
Salz · 100 g grüne Linsen
50 g Sultaninen
80 g getrocknete Datteln
6 Eßl. Olivenöl
4 Eßl. Butterschmalz

Preiswert

Pro Portion etwa:
2800 kJ/670 kcal
12 g Eiweiß · 29 g Fett
89 g Kohlenhydrate

- Quellzeit: 20–30 Minuten
- Zubereitungszeit: etwa 1 1/2 Stunden

1. Den Reis waschen und in ein Sieb abgießen. Dann 20–30 Minuten in reichlich Wasser mit 1 Eßlöffel Salz einweichen.

2. Etwa 1 1/2 l Wasser in einen großen Topf geben, 1 Teelöffel Salz hinzufügen und zum Kochen bringen. Den Reis hineingeben und aufkochen lassen. Ab und zu umrühren und etwa 2 Minuten bei starker Hitze kochen lassen. Den Reis kalt abspülen, abtropfen lassen.

3. Die Linsen waschen und in einen Topf geben. Mit so viel Wasser auffüllen, daß die Linsen gerade bedeckt sind. Etwa 5 Minuten kochen. Die Sultaninen waschen und etwa 20 Minuten in warmem Wasser einweichen.

4. Die Datteln entsteinen, kleinschneiden und in einem Topf mit 2 Eßlöffeln Olivenöl kurz dünsten. Das restliche Olivenöl in einem großen Topf heiß werden lassen, ein Drittel vom Reis dazugeben und glattstreichen.

5. Darauf die Linsen geben, dann das zweite Drittel Reis. Darauf die Sultaninen schichten und wieder mit Reis bedecken. Das Butterschmalz kleinschneiden und mit den Datteln auf der Reismasse verteilen.

6. Den Deckel in ein Küchentuch schlagen und fest auf den Topf setzen. Den Reis bei schwacher Hitze etwa 30 Minuten garen. Den Backofen auf 120° vorheizen, das Tuch abnehmen und den Reis zugedeckt etwa 30 Minuten im Ofen (Mitte; Umluft 100°) backen.

7. Den Topf etwa 5 Minuten in kaltes Wasser stellen, damit sich die Kruste löst.

Im Bild vorne: Reis mit Linsen
Im Bild hinten: Reiskuchen

BEILAGEN UND REIS

Reis mit Aprikosen

Gheisi pollo

Zutaten für 4 Personen:
300 g Langkornreis (Basmati)
Salz · 40 g Butterschmalz
einige Butterstücke
150 g getrocknete Aprikosen
40 g Sultaninen
4 getrocknete Datteln
3 Eßl. Butter · 1/2 Teel. Zimtpulver
1/4 Teel. Muskatnuß, frisch gerieben

Vegetarisch

Pro Portion etwa:
1900 kJ/450 kcal
11 g Eiweiß · 15 g Fett
71 g Kohlenhydrate

- Quellzeit: 20–30 Minuten
- Zubereitungszeit: etwa 50 Minuten

1. Den Reis in eine Schüssel geben, mit Wasser bedecken, waschen und in ein Sieb abgießen. Dann 20–30 Minuten in reichlich Wasser mit 1 Eßlöffel Salz einweichen.

2. Den Reis abtropfen lassen. Etwa 1 1/2 l Wasser in einen großen Topf geben, 1 Teelöffel Salz hinzufügen und zum Kochen bringen. Den Reis dazugeben und aufkochen lassen. Ab und zu umrühren und etwa 2 Minuten bei starker Hitze kochen lassen. Den Reis gründlich mit kaltem Wasser abspülen. Abtropfen lassen.

3. Das Butterschmalz im Topf zerlassen und etwa 30 ml Wasser angießen. Den Reis in den Topf zurückgeben und ihn zur Topfmitte hin zu einem Hügel auftürmen. Die Butterstücke darauf verteilen, den Topf mit Alufolie gut abdichten und den Deckel aufsetzen. Bei mittlerer Hitze etwa 15 Minuten dämpfen. Dann den Herd abstellen und den Reis etwa 5 Minuten nachgaren lassen.

4. Inzwischen die Aprikosen, die Sultaninen und die Datteln waschen, gegebenenfalls entsteinen und auf Küchenpapier trocknen. Die Aprikosen und die Datteln in kleine Stücke schneiden. Die Butter in einer Pfanne heiß werden lassen und die Früchte darin etwa 5 Minuten sautieren. Den Zimt und den Muskat dazugeben und verrühren. Die Früchte unter den Reis heben.

Reis mit Möhren

Hawidsch pollo

Zutaten für 4–6 Personen:
300 g Langkornreis (Basmati)
Salz
400 g Möhren
1 unbehandelte Orange
1/2 Teel. Kardamompulver
Muskatnuß, frisch gerieben
1/2 l Milch
30 g Butter
Fett für die Form

Gelingt leicht

Bei 6 Personen pro Portion etwa:
1265 kJ/300 kcal
7 g Eiweiß · 10 g Fett
47 g Kohlenhydrate

- Quellzeit: 20–30 Minuten
- Zubereitungszeit: etwa 1 1/2 Stunden

1. Den Reis in eine Schüssel geben, mit Wasser bedecken, waschen und in ein Sieb abgießen. Dann 20–30 Minuten in reichlich Wasser mit 1 Eßlöffel Salz einweichen.

2. In der Zwischenzeit die Möhren schaben, waschen und in Stifte schneiden. Mit einer feinen Reibe nur den gefärbten Teil der Orangenschale abreiben. Den Backofen auf 180° vorheizen. Den Reis abgießen und gut abtropfen lassen. Die Möhren, die Orangenschale und den Reis in einer Schüssel vermengen, den Kardamom und 1 Teelöffel Salz hinzugeben. Etwas Muskatnuß darüberreiben.

3. Eine Auflaufform einfetten, die Reismischung hineingeben, gleichmäßig verteilen und die Milch vorsichtig daraufgeben. Die Butter in kleine Stücke schneiden und darauf legen. Den Reis im Backofen (Mitte; Umluft 160°) in etwa 1 Stunde goldgelb backen.

Im Bild vorne: Reis mit Aprikosen
Im Bild hinten: Reis mit Möhren

BEILAGEN UND REIS

Eingelegte Datteln

Torschi-e somag o khorma

Zutaten für 5 Gläser (je etwa 200 ml):
400 g Tamarindenmark (Apotheke)
30 g Sumakpulver (türkisches Feinkostgeschäft)
200 ml Zitronensaft
1 Knoblauchzehe · 1 EßI. Salz
500 g entsteinte Datteln

Raffiniert

Pro Glas etwa:
2000 kJ/480 kcal
2 g Eiweiß · 1 g Fett
69 g Kohlenhydrate

- Zubereitungszeit: etwa 1 1/4 Stunden

1. Die Tamarinde in 3/4 l Wasser zum Kochen bringen. Bei mittlerer Hitze etwa 20 Minuten kochen lassen. Danach den Block in ein Sieb geben und über eine Schüssel stellen. Den Saft mit den Fingern aus der Tamarinde pressen. Den Sumak in 3/4 l Wasser zum Kochen bringen. Bei mittlerer Hitze etwa 20 Minuten kochen lassen. Danach abgießen, etwas ausdrücken.

2. Den Tamarindensaft, den Sumaksaft und den Zitronensaft zum Kochen bringen. Die Knoblauchzehe dazupressen. Etwa 15 Minuten bei schwacher Hitze köcheln lassen. Salzen, abkühlen lassen.

3. Die Datteln mit dem Sud in die Gläser geben. Mindestens 14 Tage ziehen lassen.

Essig-Gemüse

Torschi-e makhlut

Zutaten für 4 Gläser (je etwa 500 ml):
2 Auberginen
2 Stengel Staudensellerie
1/2 Blumenkohl · 250 g Möhren
1/2 Bund frischer Koriander
1/2 Bund glatte Petersilie
1 Teel. schwarzer Kümmel
1 Teel. Koriandersamen
2 Teel. Angelikasamen (Apotheke)
4 Peperoni · 1 l Apfelessig

Braucht etwas Zeit

Pro Glas etwa:
610 kJ/150 kcal
6 g Eiweiß · 1 g Fett
16 g Kohlenhydrate

- Zubereitungszeit: etwa 2 1/2 Stunden

1. Die Auberginen waschen, einstechen und im Backofen bei 180° (Umluft 160°) etwa 30 Minuten backen. Inzwischen das Gemüse waschen und in Stücke schneiden. Die Kräuter hacken.

2. Die Auberginen auf ein Küchenbrett legen. Das Gemüse in einer Form 5–10 Minuten der Restwärme des Backofens aussetzen. Die Auberginen häuten, in Stücke schneiden und abtropfen lassen.

3. Alle vorbereiteten Zutaten und die Gewürze in der Form gut vermengen. In jedes Glas 1 gewaschene Peperoni geben, die Gemüsemischung dazuschütten und mit Essig auffüllen. Gut verschlossen etwa 30 Tage ziehen lassen.

Eingelegter Knoblauch

Torschi-e sir

Zutaten für 4 Gläser (je etwa 200 ml):
4 EßI. getrocknete Berberitzen (Apotheke)
10 junge Knoblauchknollen
etwa 400 ml Rotweinessig
5 Teel. Salz

Schnell

Pro Glas etwa:
470 kJ/110 kcal
4 g Eiweiß · 0 g Fett
19 g Kohlenhydrate

- Zubereitungszeit: etwa 30 Minuten

1. Die Berberitzen entstielen und etwa 20 Minuten einweichen. Die Knoblauchzehen häuten. Den Essig mit dem Salz zum Kochen bringen und abkühlen lassen.

2. Die Berberitzen abtropfen lassen. Jeweils 1 Eßlöffel in ein Glas geben. Mit Knoblauchzehen auffüllen und mit so viel Essig begießen, daß sie bedeckt sind. Mindestens 1 1/2 Monate ziehen lassen.

Im Bild vorne: Eingelegter Knoblauch
Im Bild Mitte: Eingelegte Datteln
Im Bild hinten: Essig-Gemüse

BEILAGEN UND REIS

Zucchinitopf mit Lamm

Khoresch-e kadu

Zutaten für 4 Personen:
1 kg Zucchini
10 Eßl. Olivenöl
500 g Lammfleisch (Schulter)
2 Zwiebeln
1 Teel. Kurkuma
2 Dosen Tomatenstücke (etwa 500 g)
3 Eßl. Tomatenmark
Saft von 1 Zitrone
30 ml Saft von unreifen Trauben (persische Lebensmittel), ersatzweise Saft von 1 weiteren Zitrone
Salz
schwarzer Pfeffer, frisch gemahlen

Raffiniert

Pro Portion etwa:
2400 kJ/570 kcal
28 g Eiweiß · 44 g Fett
14 g Kohlenhydrate

- Zubereitungszeit: etwa 2 Stunden

1. Die Zucchini waschen, von den Stiel- und Blütenansätzen befreien und in etwa 3 cm dicke Scheiben schneiden. 3 Eßlöffel Olivenöl in einer großen Pfanne erhitzen und die Scheiben portionsweise auf beiden Seiten goldbraun anbraten. Dabei immer wieder etwas Öl dazugeben. Die gebratenen Zucchini auf Küchenpapier abtropfen lassen.

2. Das Lammfleisch abspülen, trockentupfen und in mundgerechte Stücke schneiden. Die Zwiebeln schälen und fein hacken. 3 Eßlöffel Olivenöl erhitzen und die Zwiebeln darin etwa 5 Minuten anbraten. Die Kurkuma und das Fleisch dazugeben und weitere 5–10 Minuten braten. Mit den Tomaten samt dem Saft ablöschen.

3. Das Tomatenmark, den Zitronen- und den Traubensaft unterrühren und alles bei schwacher Hitze etwa 30 Minuten köcheln lassen.

4. Die Zucchini hinzufügen. Eventuell etwas Wasser angießen. Den Eintopf weitere 30 Minuten köcheln lassen. Salzen und pfeffern.

Sellerietopf mit Minze

Khoresch-e karafs

Zutaten für 4 Personen:
2 Zwiebeln · 500 g Lammschulter
6 Eßl. Olivenöl
1/2 Teel. Kurkuma
schwarzer Pfeffer, frisch gemahlen
Salz
4–6 Eßl. Zitronensaft
1 kg Staudensellerie
1/2 Bund glatte Petersilie
1/4 Bund grüne Minze

Raffiniert

Pro Portion etwa:
1900 kJ/450 kcal
26 g Eiweiß · 35 g Fett
6 g Kohlenhydrate

- Zubereitungszeit: etwa 2 1/2 Stunden

1. Die Zwiebeln schälen und fein hacken. Das Fleisch abspülen, trockentupfen und in mundgerechte Stücke schneiden. 3 Eßlöffel Olivenöl in einem Topf erhitzen und das Fleisch darin bei starker Hitze etwa 5 Minuten anbraten.

2. Die Zwiebeln, die Kurkuma, Pfeffer und Salz sowie den Zitronensaft dazugeben und bei mittlerer Hitze etwa 5 Minuten mitbraten. Etwa 300 ml Wasser angießen, umrühren und das Fleisch zugedeckt bei schwacher Hitze etwa 50 Minuten köcheln lassen.

3. Den Staudensellerie waschen und in etwa 3 cm lange Stücke schneiden. Die Petersilie, die Minze und das Selleriegrün abspülen, trockenschütteln und kleinschneiden. In einer Pfanne das übrige Olivenöl erhitzen, den kleingeschnittenen Sellerie hinzugeben und bei mittlerer Hitze in etwa 10 Minuten bräunen. Dann alle Kräuter unterrühren.

4. Den Sellerie zum Fleisch in den Topf geben und alles zugedeckt bei schwacher Hitze noch etwa 45 Minuten garen lassen. Mit Reis servieren.

Im Bild vorne:
Sellerietopf mit Minze
Im Bild hinten:
Zucchinitopf mit Lamm

REIZVOLLE HAUPTGERICHTE

Linsentopf mit Lamm

Khoresch-e gheimeh

Im Originalrezept werden Kartoffeln in feine Stifte geschnitten und in heißem Fett knusprig fritiert. Ebensogut können Sie Kartoffelsticks nehmen, denn diese bleiben besonders schön knusprig.

Zutaten für 4 Personen:
300 g Lammfleisch (Schulter)
2 Zwiebeln · 3 EBl. Olivenöl
1 Teel. Kurkuma
500 g rote Linsen
2 Zitronen
3 EBl. Tomatenmark
Salz
100 g Kartoffelsticks (aus der Tüte)

Raffiniert

Pro Portion etwa:
2900 kJ/690 kcal
45 g Eiweiß · 22 g Fett
81 g Kohlenhydrate

- Zubereitungszeit: etwa
  1 1/2 Stunden

1. Das Fleisch abspülen und trockentupfen, dann in kleine Würfel schneiden. Die Zwiebeln schälen und fein hacken.

2. Das Olivenöl in einem Topf erhitzen, das Fleisch darin bei starker Hitze scharf anbraten. Die Zwiebeln und die Kurkuma dazugeben und alles bei mittlerer Hitze unter gelegentlichem Rühren etwa 10 Minuten braten. In der Zwischenzeit die Linsen sorgfältig verlesen, waschen und abtropfen lassen.

3. Die Zitronen auspressen und den Saft mit dem Tomatenmark, etwas Salz und den Linsen zum Fleisch geben. Gut verrühren und so viel Wasser angießen, daß der Topfinhalt gut bedeckt ist. Bei schwacher Hitze zugedeckt etwa 50 Minuten köcheln lassen.

4. In eine vorgewärmte Terrine geben und mit den Kartoffelsticks bestreuen. Dazu Reis servieren.

Hühnchen in Orangensauce

Khoresch-e narandsch

Zutaten für 4 Personen:
1 großes Hähnchen (etwa 1 1/2 kg)
Salz
schwarzer Pfeffer, frisch gemahlen
2 Zwiebeln
6 EBl. Olivenöl
1 Teel. Zimtpulver
3 unbehandelte säuerliche Orangen
3 Möhren
3 EBl. Zitronensaft
20 g Pistazien, fein gehackt

Für Gäste

Pro Portion etwa:
2400 kJ/570 kcal
55 g Eiweiß · 29 g Fett
23 g Kohlenhydrate

- Zubereitungszeit: etwa
  1 1/2 Stunden

1. Das Hähnchen in acht Teile zerlegen, waschen, trockentupfen und mit Salz und Pfeffer einreiben. Die Zwiebeln schälen und fein hacken. 4 Eßlöffel Olivenöl in einem Bräter erhitzen und die Hähnchenteile darin bei starker Hitze bräunen.

2. Die Hähnchenteile kurz herausnehmen und die Zwiebeln im verbliebenen Öl etwa 5 Minuten andünsten. Den Zimt einrühren und die Hähnchenteile hinzufügen. Etwa 3/4 l Wasser angießen und das Ganze zugedeckt etwa 30 Minuten bei schwacher Hitze garen.

3. Mit einem Sparschäler die äußere Fruchtschale der Orangen abnehmen und in schmale Streifen schneiden. Die Streifen etwa 2 Minuten blanchieren und abtropfen lassen.

4. Die Möhren schaben, waschen und in feine Streifen schneiden. Das übrige Olivenöl erhitzen und die Möhren darin etwa 10 Minuten andünsten. Die Orangenschalenstreifen und die Möhren zum Hähnchen geben und alles etwa 20 Minuten weitergaren.

5. Inzwischen die Orangen großzügig schälen. Die Filets herauslösen und halbieren.

6. Kurz vor dem Servieren die Orangenfilets zum Fleisch geben, umrühren und mit Salz, Pfeffer und dem Zitronensaft abschmecken. Die Pistazien über das Gericht streuen.

*Bild oben: Linsentopf mit Lamm
Bild unten:
Hühnchen in Orangensauce*

REIZVOLLE HAUPTGERICHTE

REIZVOLLE HAUPTGERICHTE

Lamm mit Backpflaumen

Khoresch-e alu

Zutaten für 4 Personen:
400 g Lammfleisch (Schulter)
2 Zwiebeln
3 Eßl. Olivenöl
1 Teel. Kurkuma
1/2 Teel. Zimtpulver
schwarzer Pfeffer, frisch gemahlen
Salz
50 g rote Linsen
150 g Backpflaumen
2 Eßl. Zitronensaft
2 Eßl. Zucker

Preiswert

Pro Portion etwa:
1900 kJ/450 kcal
22 g Eiweiß · 24 g Fett
35 g Kohlenhydrate

- Zubereitungszeit: etwa 2 Stunden

1. Das Lammfleisch kalt abspülen, trockentupfen und in kleine Würfel schneiden. Die Zwiebeln schälen und fein hacken. Das Olivenöl in einem Topf erhitzen und die Zwiebeln mit der Kurkuma und dem Zimt darin etwa 5 Minuten andünsten. Das Fleisch dazugeben und unter Umrühren bei starker Hitze etwa 10 Minuten bräunen.

2. Etwa 1/2 l Wasser angießen, pfeffern, salzen und zum Kochen bringen. Das Fleisch bei schwacher Hitze etwa 50 Minuten zugedeckt köcheln lassen.

3. In der Zwischenzeit die Linsen verlesen, waschen und abtropfen lassen. Die Pflaumen abspülen und halbieren. Beides in den Topf zum Fleisch geben und gut umrühren. Mit dem Zitronensaft und dem Zucker abschmecken und weitere 40 Minuten köcheln lassen.

Variante:
Apfel-Khoresch (Khoresch e-sib)

Statt der Backpflaumen 3 säuerliche Äpfel halbieren, schälen, entkernen und kleinschneiden. In 2 Eßlöffeln Butter etwa 5 Minuten bei mittlerer Hitze dünsten. Erst zum Fleisch geben, wenn die Linsen bereits 25 Minuten gegart haben.

Linsen-Auberginen-Eintopf

Gheimeh bademdschan

Zutaten für 6 Personen:
400 g Lammfleisch (Schulter)
2 Zwiebeln
10 Eßl. Olivenöl
1 Teel. Kurkuma
400 g rote Linsen
4 Eßl. Tomatenmark
2 Zitronen
1 kg Auberginen · Salz
schwarzer Pfeffer, frisch gemahlen

Gelingt leicht

Pro Portion etwa:
2265 kJ/540 kcal
30 g Eiweiß · 27 g Fett
43 g Kohlenhydrate

- Zubereitungszeit: etwa 1 1/2 Stunden

1. Das Lammfleisch in mundgerechte Stücke schneiden. Die Zwiebeln schälen und fein hacken. 3 Eßlöffel Olivenöl in einem Topf erhitzen und die Zwiebeln und die Kurkuma bei mittlerer Hitze etwa 5 Minuten bräunen. Das Fleisch etwa 10 Minuten mitbraten.

2. Die Linsen verlesen, waschen und abtropfen lassen. Das Tomatenmark und die Linsen zum Fleisch geben, gut verrühren und etwa 5 Minuten bei schwacher Hitze mitbraten.

3. Die Zitronen auspressen und das Gericht mit dem Saft ablöschen. So viel Wasser angießen, daß der Topfinhalt gerade bedeckt ist. Bei schwacher Hitze etwa 30 Minuten köcheln lassen.

4. Inzwischen die Auberginen waschen und in Scheiben schneiden. 3 Eßlöffel Olivenöl in einer großen Pfanne erhitzen und die Scheiben portionsweise auf beiden Seiten goldbraun anbraten. Dabei immer wieder etwas Öl dazugeben. Die gebratenen Scheiben auf Küchenpapier abtropfen lassen.

5. Die Auberginen zum Fleisch geben und alles etwa 20 Minuten weitergaren. Dann mit Salz und Pfeffer abschmecken.

Im Bild vorne:
Lamm mit Backpflaumen
Im Bild hinten:
Linsen-Auberginen-Eintopf

REIZVOLLE HAUPTGERICHTE

Hähnchen in Granatapfel-Sauce

Khoresch-e fesendschan

Dieses Gericht gehört zu den Klassikern der persischen Küche – Walnüsse und Granatäpfel wachsen im Land. An der Küste des Kaspischen Meeres wird es mit Wildente oder Fasan zubereitet, deren Fleisch sehr schmackhaft ist. Es ist üblich, das Hähnchen bereits am Vorabend zuzubereiten und am nächsten Tag aufgewärmt zu servieren, denn so hat das Fleisch noch mehr Zeit, das Saucenaroma anzunehmen.

Zutaten für 4 Personen:
1 großes Hähnchen oder 1 große Poularde (etwa 1 1/2 kg)
3 Eßl. Butterschmalz
2 Zwiebeln
300 ml Granatapfelsaft (fertig gekauft oder aus etwa 4 Granatäpfeln gepreßt) oder 4 Eßl. Granatapfelsirup
200 g Walnußkerne
1/4 Teel. Safranpulver (ersatzweise Kurkuma)
1/4 Teel. Zimtpulver
Salz
schwarzer Pfeffer, frisch gemahlen
1–2 Eßl. Zitronensaft
eventuell 1–2 Eßl. Zucker

Läßt sich gut vorbereiten

Pro Portion etwa:
3600 kJ/860 kcal
64 g Eiweiß · 57 g Fett
25 g Kohlenhydrate

- Zubereitungszeit: etwa 2 Stunden

1. Den Backofen auf 200° vorheizen. Das Hähnchen außen und innen gründlich waschen und mit Küchenpapier trockentupfen.

2. 2 Eßlöffel Butterschmalz in einem großen Schmortopf mit feuerfesten Griffen erhitzen. Das Hähnchen darin auf allen Seiten kräftig anbraten. Das Gericht in den Ofen (Mitte; Umluft 180°) schieben und etwa 30 Minuten garen.

3. In der Zwischenzeit die Zwiebeln schälen und fein hacken. Etwa zwei Drittel der Walnüsse im Mixer mahlen, die übrigen fein hacken. Das restliche Butterschmalz in einem Topf erhitzen und die Zwiebeln darin goldbraun anbraten. Mit dem Granatapfelsaft oder dem in 300 ml Wasser aufgelösten Granatapfelsirup ablöschen. Die Nüsse unter die Sauce rühren. Diese bei schwacher Hitze etwa 10 Minuten köcheln lassen. Den Safran in etwa 1 Eßlöffel heißem Wasser auflösen und mit dem Zimt in die Sauce rühren. Mit Pfeffer und Salz abschmecken.

4. Den Topf aus dem Ofen nehmen, das Hähnchen mit der Sauce begießen, den Topf verschließen und das Gericht 40–50 Minuten im Ofen (unten) fertiggaren. Das Hähnchen ab und zu wenden. Wenn die Sauce zu dickflüssig wird, mit heißem Wasser verdünnen.

5. Den Topf aus dem Ofen nehmen, mit einem Löffel überschüssiges Fett von der Sauce abschöpfen. Die Sauce pfeffern, salzen und mit dem Zitronensaft und eventuell dem Zucker würzen.

6. Das Hähnchen zerlegen und mit gedämpftem Reis (Rezept Seite 26) servieren.

Tips!

Der Nußgeschmack wird intensiver, wenn Sie die gemahlenen Nüsse auf einem großen Teller verteilen und diesen so lange zu dem angebratenen Hähnchen in den Backofen stellen, bis sich die Nüsse leicht bräunen. Aber Vorsicht, denn sie sind schnell verbrannt.
Granatäpfel haben in der zweiten Hälfte des Jahres Saison. Sie lassen sich wie Orangen auspressen.

Das berühmte persische Gericht mit der würzig-fruchtigen Sauce schmeckt einfach köstlich.

REIZVOLLE HAUPTGERICHTE

Fleischklöße Täbris

Kufteh tabrizi

Zutaten für 4–6 Personen:

6 Eier · 150 g rote Linsen

4 Zwiebeln · 1 Teel. Safranpulver

500 g Rinderhackfleisch

80 g Reismehl

1/2 Bund Bohnenkraut

schwarzer Pfeffer, frisch gemahlen

Salz · 3 Eßl. Olivenöl

2 Knoblauchzehen · 1 Teel. Kurkuma

1 Eßl. Tomatenmark

1/2 l Tomatensaft

2 Eßl. Zitronensaft

4 Backpflaumen

4 Walnußhälften

2 getrocknete Aprikosen

Raffiniert

Bei 6 Personen pro Portion etwa:
2065 kJ/495 kcal
35 g Eiweiß · 23 g Fett
39 g Kohlenhydrate

- Zubereitungszeit: etwa 2 Stunden

1. 4 Eier hart kochen. Die Linsen bei schwacher Hitze in einem Topf mit etwa 1/2 l Wasser etwa 10 Minuten garen, abtropfen lassen.

2. Die übrigen Eier aufschlagen. 1 Zwiebel schälen und dazureiben. Den Safran in 2 Eßlöffeln heißem Wasser auflösen und mit dem Hackfleisch, den Linsen und dem Reismehl dazugeben. Das Bohnenkraut fein hacken und untermischen. Die Masse pfeffern, salzen und etwa 10 Minuten durchkneten.

3. Die restlichen 3 Zwiebeln schälen und fein hacken. Das Olivenöl erhitzen und die Zwiebeln dazugeben. Die Knoblauchzehen schälen, dazudrücken, die Kurkuma und das Tomatenmark unterrühren und alles etwa 10 Minuten bei mittlerer Hitze anbräunen. Mit dem Tomaten- und dem Zitronensaft ablöschen.

4. Den Backofen auf 180° vorheizen. Die Fleischmasse in vier Portionen teilen und zu Kugeln formen. An einer Stelle eindrücken und jeweils 1 geschältes hartgekochtes Ei, 2 Pflaumenhälften, 1 Walnußhälfte und 1 Aprikosenhälfte hineingeben. Die Klöße verschließen und in eine feuerfeste Form geben.

5. Die Hackfleischklöße mit dem Tomatensud übergießen und im Ofen (Mitte; Umluft 160°) etwa 1 Stunde garen. Zwischendurch mehrmals wenden und mit dem Sud begießen.

Lammspieße

Kabab-e barg

Zutaten für 4 Personen:

800 g Lammfleisch (Keule)

3 Zitronen · 3 Zwiebeln

50 g Butter

schwarzer Pfeffer, frisch gemahlen

Salz · 4 Tomaten · 4 Eier

Sumak, gemahlen (aus dem türkischen Lebensmittelgeschäft)

Holzspieße

Berühmtes Rezept

Pro Portion etwa:
2900 kJ/690 kcal
45 g Eiweiß · 53 g Fett
11 g Kohlenhydrate

- Marinierzeit: etwa 12 Stunden
- Zubereitungszeit: etwa 30 Minuten

1. Das Lammfleisch in Würfel schneiden. Die Zitronen auspressen. Die Zwiebeln schälen, sehr fein in ein Sieb reiben und den Saft in eine Schüssel drücken. Den Zitronensaft dazugeben und die Fleischwürfel darin etwa 12 Stunden kühl stellen, ab und zu wenden. Den Holzkohlengrill anheizen.

2. Das Lammfleisch auf 8 Holzspieße stecken. Die Butter zerlassen und 3–4 Eßlöffel Marinade hinzugeben. Pfeffern und salzen. Die Lammspieße mit der Marinade bestreichen und etwa 5 Minuten grillen. Dabei häufig wenden.

4. Die Tomaten waschen, etwas einschneiden, mit der Marinade bestreichen und etwa 4 Minuten grillen.

5. Die Eier trennen, das Eigelb in eine Schalenhälfte zurückgeben. Die Spieße auf Teller verteilen und mit jeweils 1 Tomate anrichten. Dazu Reis servieren. Jeder verrührt sein Eigelb mit dem Reis und bestreut ihn mit Sumak.

Im Bild vorne: Lammspieße
Im Bild hinten: Fleischklöße Täbris

REIZVOLLE HAUPTGERICHTE

Reis mit Kirschen und Hühnerkeulen

Albalu pollo

Zutaten für 4 Personen:
300 g Langkornreis (Basmati)
Salz
500 g Sauerkirschen
50 g Zucker
8 Hühnerkeulen
schwarzer Pfeffer, frisch gemahlen
5 Eßl. Olivenöl
1 große Zwiebel
60 g Butter
1/4 Teel. Safranpulver

Berühmtes Rezept

Pro Portion etwa:
3500 kJ/830 kcal
57 g Eiweiß · 30 g Fett
84 g Kohlenhydrate

- Quellzeit: 20–30 Minuten
- Zubereitungszeit: etwa 1 1/2 Stunden

Tip!

Wenn Sie Kirschen aus dem Glas statt frischer verwenden, überspringen Sie einfach das Aufkochen mit dem Zucker.

1. Den Reis in eine Schüssel geben, mit Wasser bedecken, waschen und in ein Sieb abgießen. Dann 20–30 Minuten in reichlich Wasser mit 1 Eßlöffel Salz quellen lassen.

2. Inzwischen die Kirschen waschen, entsteinen und in einen Topf geben. Den Zucker darüber streuen. Die Kirschen bei starker Hitze andünsten, dann bei schwacher Hitze etwa 10 Minuten garen. Den entstandenen Saft abgießen und beiseite stellen.

3. Die Hühnerkeulen waschen, trockentupfen und mit Pfeffer und Salz einreiben. 3 Eßlöffel Olivenöl in einem Topf erhitzen. Die Hühnerkeulen hineingeben und rundherum kräftig anbraten. Dann herausnehmen und beiseite stellen.

4. Die Zwiebel schälen, fein hacken, mit dem restlichen Olivenöl in den Topf geben und bräunen. Mit dem Kirschsaft ablöschen. Die Keulen wieder hineinlegen und bei schwacher Hitze etwa 30 Minuten zugedeckt weitergaren.

5. Inzwischen den Reis abtropfen lassen. Etwa 1 1/2 l Wasser in einen großen Topf geben, 1 Teelöffel Salz hinzufügen und zum Kochen bringen. Den Reis dazugeben und aufkochen lassen. Ab und zu umrühren und etwa 2 Minuten bei starker Hitze kochen lassen. Den Reis kalt abspülen, abtropfen lassen.

6. Die Butter im Topf zerlassen, etwa 1/8 l Wasser angießen und verrühren. Die Hälfte vom vorgegarten Reis in den Topf zurückgeben, glattstreichen und bei mittlerer Hitze etwa 5 Minuten dünsten. Danach die Hühnerkeulen auf den Reis legen und eine Hälfte der Kirschen darübergeben.

7. Es folgen der restliche Reis und obenauf die übrigen Kirschen mit dem Bratensaft. Alles bei schwacher Hitze etwa 30 Minuten zugedeckt garen. Inzwischen den Safran in eine kleine Schüssel geben und in etwas heißem Wasser auflösen. 4 Eßlöffel gekochten Reis aus dem Topf hinzufügen und einfärben.

8. Zum Servieren eine große Platte vorwärmen. Die Hühnerkeulen rundherum an den Rand legen und Reis und Kirschen in die Mitte häufen. Den eingefärbten Reis darüber streuen und eventuell ein paar Butterflocken darauf setzen.

Variante:
Reis mit Berberitzen und Hühnerkeulen
Sereschk pollo

Sie können die Kirschen einfach durch Berberitzen ersetzen. Dazu 150 g getrocknete Beeren in reichlich kaltem Wasser gut 20 Minuten einweichen und abtropfen lassen. In einer Pfanne 2 Eßlöffel Butter erhitzen, 1 fein gehackte Zwiebel darin anschwitzen. Die Beeren dazugeben und etwa 1 Minute mitdünsten. 1 Eßlöffel Zucker darübergeben und wie die Kirschen zwischen Reis und Hühnerkeulen schichten.

Tip!

Die Berberitze ist ein Zierstrauch, der in Persien oft anzutreffen ist, aber auch bei uns vorkommt. Seine kleinen roten Beeren können roh nicht genossen werden. In den Marmeladen- und Likörrezepten unserer Großmütter wurden sie wegen ihres herb-säuerlichen Geschmacks und ihrer farbgebenden Eigenschaft verwendet.

REIZVOLLE HAUPTGERICHTE

Reis mit mariniertem Lamm

Tah tschin

Zutaten für 4 Personen:
600 g Lammfleisch (Keule oder Schulter)
1/2 Teel. Safranpulver
250 g Joghurt
3 Knoblauchzehen
Salz
schwarzer Pfeffer, frisch gemahlen
400 g Langkornreis (Basmati)
1 Ei
50 g Butterschmalz

Berühmtes Rezept

Pro Portion etwa:
3500 kJ/830 kcal
36 g Eiweiß · 43 g Fett
74 g Kohlenhydrate

- Marinierzeit: mindestens 6 Stunden
- Zubereitungszeit: etwa 2 Stunden

1. Das Lammfleisch kalt abspülen, trockentupfen und in Würfel schneiden. Das Safranpulver in etwa 3 Eßlöffeln Wasser auflösen und den Joghurt dazugeben. Die Knoblauchzehen schälen und dazupressen, salzen und pfeffern.

2. Das Lammfleisch in der Marinade zugedeckt mindestens 6 Stunden kühl stellen.

3. Den Reis gründlich waschen, in ein Sieb abgießen und 20–30 Minuten in reichlich Wasser mit 1 Eßlöffel Salz einweichen. Den Backofen auf 200° vorheizen.

4. Den Reis abtropfen lassen, in kochendem Salzwasser etwa 2 Minuten bei starker Hitze offen kochen lassen. Den Reis in ein Sieb geben, gründlich mit kaltem Wasser abspülen, abtropfen lassen.

5. Das Ei mit der Hälfte der Marinade und einem Drittel der Reismenge verrühren. Das Butterschmalz in einem Bräter zerlassen. Die Reismischung mit einem Löffel gleichmäßig auf den Boden und an den Rand der Form drücken.

6. Das zweite Drittel Reis auflegen und andrücken. Das Fleisch auf dem Reis ausbreiten. Mit dem restlichen Reis abdecken und zuletzt die verbliebene Marinade gleichmäßig über dem Reis verteilen. Zugedeckt etwa 1 1/2 Stunden im Backofen (Mitte; Umluft 180°) garen.

7. Die Form kurz abkühlen lassen. Dann für etwa 5 Minuten in kaltes Wasser stellen. Mit einem Messer am Rand entlangfahren und den Reis auf eine vorgewärmte Servierplatte stürzen. Hat sich die Kruste nicht vom Topfboden gelöst, mit einem Pfannenwender herausholen und in kleinen Stücken rund um das Gericht legen.

Hühnerleber mit Zwiebeln

Geliapiti

Zutaten für 4 Personen:
2 Zwiebeln · 4 Eßl. Butter
1 Teel. Kurkuma
500 g Hühnerlebern
4 Eßl. Zitronensaft
schwarzer Pfeffer, frisch gemahlen
Salz

Schnell • Preiswert

Pro Portion etwa:
1200 kJ/290 kcal
28 g Eiweiß · 18 g Fett
5 g Kohlenhydrate

- Zubereitungszeit: etwa 30 Minuten

1. Die Zwiebeln schälen und fein hacken. Die Butter in einer Pfanne erhitzen und die Zwiebeln und die Kurkuma darin bei mittlerer Hitze etwa 5 Minuten anbräunen.

2. Die Hühnerlebern bei mittlerer Hitze etwa 5 Minuten mitbraten. Mit dem Zitronensaft ablöschen, etwa 1/2 l Wasser angießen und die Lebern etwa 15 Minuten bei schwacher Hitze weitergaren. Salzen und pfeffern.

Im Bild vorne:
Hühnerleber mit Zwiebeln
Im Bild hinten:
Reis mit mariniertem Lamm

REIZVOLLE HAUPTGERICHTE

Lammeintopf mit Kichererbsen

Dizi

Dieses herzhafte Schmorgericht ist ein typisches Außer-Haus-Essen der persischen Teppichweber und -wäscher. Es wird am Vortag zubereitet und im gleichfalls »Dizi« genannten hohen Aluminiumtopf, der jeweils eine Mittagsration faßt, transportiert und wieder aufgewärmt.

Zutaten für 4 Personen:
200 g getrocknete Kichererbsen
Salz
150 g getrocknete dicke Bohnen
2 Zwiebeln
750 g Lammfleisch (Schulter)
3 Kartoffeln
schwarzer Pfeffer, frisch gemahlen
3 Tomaten oder 1 kleine Dose ganze Tomaten (400 g)
1 Zitrone
1 Teel. Kurkuma

Braucht etwas Zeit

Pro Portion etwa:
3400 kJ/810 kcal
56 g Eiweiß · 37 g Fett
64 g Kohlenhydrate

- Quellzeit: etwa 12 Stunden
- Zubereitungszeit: etwa 3 Stunden

1. Die Kichererbsen in reichlich Wasser etwa 12 Stunden quellen lassen. Dann in ein Sieb geben und gut abtropfen lassen.

2. In einem großen Topf etwa 1 l Salzwasser zum Kochen bringen, die dicken Bohnen hineingeben, aufkochen lassen, den Herd abschalten und die Bohnen zugedeckt etwa 1 Stunde quellen lassen. Danach in ein Sieb geben und gut abtropfen lassen.

3. Inzwischen die Zwiebeln schälen und grob hacken. Das Lammfleisch kalt abspülen, trockentupfen und in Würfel schneiden. Die Kartoffeln waschen, schälen und vierteln.

4. Die Lammwürfel in einen großen Topf geben, die Zwiebeln darüber streuen und die vorbereiteten Kichererbsen und die dicken Bohnen dazugeben. Salzen, pfeffern und etwa 1 l Wasser angießen. Das Ganze zum Kochen bringen, dann bei schwacher Hitze zugedeckt etwa 1 Stunde köcheln lassen.

5. Inzwischen die Tomaten mit kochendem Wasser überbrühen, kurz ziehen lassen, abschrecken, häuten und von den Stielansätzen befreien. Oder die Dosentomaten in ein Sieb abgießen, gut abtropfen lassen und kleinschneiden. Die Zitrone auspressen. Die Kurkuma, den Zitronensaft, die Tomaten und die Kartoffelstücke in den Eintopf geben, gut durchrühren und zugedeckt in etwa 1 Stunde bei schwacher Hitze fertig garen.

6. Wenn zu wenig Flüssigkeit im Topf ist, heißes Wasser dazugeben. Gelegentlich prüfen, ob die Hülsenfrüchte bereits weich sind, dann den Topf vom Herd nehmen. Nochmals mit Salz und Pfeffer abschmecken.

7. Etwas Brühe abschöpfen und als Suppe servieren. Als zweiter Gang folgt der Eintopf. Wer möchte, kann ihn traditionsgemäß mit dem Löffelrücken auf dem Teller zu einem Brei zerdrücken.

Ein köstliches, preiswertes Eintopfgericht, mit dem Sie Ihre Gäste verwöhnen können.

REIZVOLLE HAUPTGERICHTE

Fisch mit Orangen

Mahi sorkarda ba-narandsch

Zutaten für 4 Personen:

4 Fischfilets (etwa 800 g; zum Beispiel Seezunge oder Scholle)

Salz

weißer Pfeffer, frisch gemahlen

3 unbehandelte Orangen

3 Eßl. Olivenöl

1 Knoblauchzehe

3 Eier

2 Eßl. Mehl

3 Eßl. Butterschmalz

Gelingt leicht

Pro Portion etwa:
1850 kJ/440 kcal
41 g Eiweiß · 23 g Fett
16 g Kohlenhydrate

• Zubereitungszeit: etwa 50 Minuten

1. Die Fischfilets abspülen und trockentupfen. Mit Salz und Pfeffer würzen.

2. Mit einem Sparschäler die äußere Fruchtschale von 1 Orange abnehmen und in schmale Streifen schneiden. Die Streifen etwa 2 Minuten in kochendem Wasser blanchieren, auf Küchenpapier geben und trockentupfen.

3. Das Olivenöl in eine kleine Schüssel geben, die Orangenschalenstreifen hinzufügen. Die Knoblauchzehe schälen und dazupressen. Die Filets mit dieser Mischung einreiben, etwa 20 Minuten beiseite stellen und durchziehen lassen.

4. Die Eier aufschlagen und in einem tiefen Teller verquirlen. Die Filets durch die Eiermasse ziehen und mit dem Mehl bestäuben.

5. Das Butterschmalz in einer großen Pfanne oder gleichzeitig in zwei Pfannen erhitzen und den Fisch darin bei mittlerer Hitze auf beiden Seiten in 5–8 Minuten goldbraun braten.

6. Die verbliebenen 2 Orangen mit einem scharfen Messer vierteln und mit den Fischfilets anrichten. Sie werden beim Essen über den Fisch ausgedrückt. Zum Fisch mit Orangen paßt am besten gedämpfter Reis (Rezept Seite 26).

Gebackene Forellen

Mahi-e ghuzalalla

Zutaten für 4 Personen:

4 küchenfertige Forellen (je etwa 300 g)

Salz

weißer Pfeffer, frisch gemahlen

2 Eßl. Olivenöl

1/2 Bund Schnittlauch

1/2 Bund glatte Petersilie

1/2 Bund Basilikum

4 Stengel Estragon

3 Zitronen

Schnell

Pro Portion etwa:
1400 kJ/330 kcal
59 g Eiweiß · 8 g Fett
4 g Kohlenhydrate

• Zubereitungszeit: etwa 35 Minuten

1. Die Forellen außen und innen vorsichtig waschen und mit Küchenpapier trockentupfen. Mit Salz, Pfeffer und dem Olivenöl einreiben und in eine gefettete feuerfeste Form geben.

2. Den Backofen auf 190° (Umluft 170°) vorheizen. Alle Kräuter gründlich waschen, trockenschütteln, von den groben Stielen und Stengeln befreien und hacken. 2 Zitronen auspressen, den Saft mit den Kräutern in eine Schüssel geben und umrühren.

3. Die Forellen außen und innen gleichmäßig mit dieser Mischung bestreichen. Die Fische in den heißen Backofen (Mitte) schieben und 10–15 Minuten (je nach Dicke) backen.

4. Die Forellen auf vier Teller geben und mit der übrigen Zitrone, in dünne Scheiben geschnitten, garnieren. Dazu reichen Sie gedämpften Reis oder Fladenbrot.

Im Bild vorne: Fisch mit Orangen
Im Bild hinten: Gebackene Forellen

REIZVOLLE HAUPTGERICHTE

Rotbarschfilet süß-sauer

Mahi-e aflatuni

Zutaten für 4 Personen:
2 Zwiebeln
2 Knoblauchzehen
8 Eßl. Butterschmalz
4 Rotbarschfilets (etwa 800 g)
Salz
schwarzer Pfeffer, frisch gemahlen
1 Eßl. Mehl
1/4 l Granatapfelsaft oder
4 Eßl. Granatapfelsirup
1/4 l Saft unreifer Trauben
(ersatzweise Zitronensaft)
1/4 l Orangensaft
1/4 l Tomatensaft
Zucker
1 Zitrone
einige grüne Minzeblätter

Raffiniert

Pro Portion etwa:
2600 kJ/620 kcal
39 g Eiweiß · 37 g Fett
38 g Kohlenhydrate

- Zubereitungszeit: etwa 40 Minuten

1. Die Zwiebeln und die Knoblauchzehen schälen und fein hacken. 4 Eßlöffel Butterschmalz in einer Pfanne erhitzen und die Zwiebeln und den Knoblauch darin bei mittlerer Hitze unter Rühren goldbraun anbraten. Den Backofen auf 220° vorheizen.

2. Die Fischfilets kalt abspülen und mit Küchenpapier trockentupfen. Mit Salz und Pfeffer einreiben und mit dem Mehl bestäuben. Das restliche Butterschmalz in einer Kasserolle erhitzen und die Fischfilets darin bei mittlerer Hitze auf jeder Seite etwa 3 Minuten braten.

3. Die vier verschiedenen Säfte über den Fisch gießen. Falls Sie Granatapfelsirup verwenden, diesen vorher in etwa 1/4 l Wasser auflösen. Die Sauce mit etwas Zucker abschmecken, den Topf zudecken und den Fisch im heißen Backofen (Mitte; Umluft 200°) in etwa 20 Minuten fertig garen.

4. Die Zitrone in dünne Scheiben schneiden. Die Fischfilets auf vier vorgewärmte Teller geben und mit den Zitronenscheiben und den Minzeblättern belegen. Dazu schmeckt am besten Reis mit Linsen (Rezept Seite 28). Wer möchte, kann die Sauce getrennt in einer Sauciere oder kleinen Schüssel anrichten.

Variante:

Ganzer Rotbarsch mit Walnußfüllung (Mahi-e tu por ba gerdu):

Sollten Sie die Möglichkeit haben, einen ganzen Rotbarsch zu bekommen, können Sie ihn wie im folgenden Rezept füllen. Lassen Sie den Fisch vom Händler ausnehmen und schuppen. Zu Hause waschen Sie ihn und reiben ihn innen und außen mit 1 Teelöffel Salz ein. Für die Füllung 1 fein gehackte Zwiebel und 2 Knoblauchzehen in etwas Öl goldbraun anbraten. 150 g gehackte Walnußkerne hinzufügen und etwa 5 Minuten mitbraten. Jetzt mit 1/4 l Granatapfelsaft (ersatzweise 4 Eßlöffel Granatapfelsirup in 1/4 l Wasser auflösen) ablöschen. Die Füllung mit etwas Pfeffer abschmecken, mit einem Löffel in den Fischbauch geben und die Öffnung mit Holzspießchen oder Zahnstochern verschliessen. 1 Zitrone auspressen, 1 Teelöffel Safranpulver in 200 ml heißem Wasser auflösen. Den Fisch in eine große Auflaufform geben, die beiden Flüssigkeiten angießen und den Fisch im vorgeheizten Backofen bei 200° (Mitte; Umluft 180°) je nach Gewicht in 40–50 Minuten garen. Ab und zu mit der Flüssigkeit begießen. Mit Granatapfelkernen garnieren.

Ein delikates Fischgericht, das ganz leicht gelingt. Verwöhnen Sie Ihre Gäste damit!

REIZVOLLE HAUPTGERICHTE

SÜSSES UND GETRÄNKE

Safrancreme

Katschi

Katschi ist eine gehaltvolle Nachspeise für Feiertage. In Persien ist es Tradition, Frischvermählten in den Flitterwochen dieses Dessert als »Stärkungsmittel« zu reichen. Nach der Geburt eines Kindes baut Safrancreme die noch schwache Mutter rasch wieder auf. Katschi wird in der Regel warm auf den Tisch gebracht. Sie können sie aber genausogut kalt als süße Zwischenmahlzeit servieren. Für den europäischen Geschmack ist die Safrancreme zuerst etwas ungewohnt. Servieren Sie eventuell frische Früchte dazu!

Zutaten für 8 Personen:
150 g Butter · 200 g Mehl
200 g Zucker
1/2 Teel. Safranpulver
1/4 Teel. Kardamompulver
4 Eßl. Rosenwasser (Apotheke)
einige Pistazien oder Mandeln zum Garnieren

Berühmtes Rezept

Pro Portion etwa:
1450 kJ/345 kcal
3 g Eiweiß · 17 g Fett
43 g Kohlenhydrate

- Zubereitungszeit: etwa 50 Minuten

1. Die Butter in einem großen Topf bei mittlerer Hitze zerlassen. Das Mehl unter ständigem Rühren nach und nach dazugeben und etwa 15 Minuten bräunen. Etwa 900 ml Wasser angießen, den Zucker gründlich unterrühren und die Masse aufkochen lassen.

2. In einem kleinen Topf etwa 100 ml Wasser zum Kochen bringen. Den Safran und den Kardamom darin auflösen, das Rosenwasser hinzufügen und unter die Mehlmasse rühren. Bei schwacher Hitze einige Minuten köcheln lassen, bis die Masse eine cremige Konsistenz hat.

3. Die Creme in eine Schüssel geben, mit Pistazien oder Mandeln garnieren und servieren.

Melonen-Pfirsich-Cocktail

Compot-e hulu va talebi

Zutaten für 4 Personen:
3 Pfirsiche
1 Zuckermelone (Kantalupe oder Charentais, etwa 600 g)
2 Eßl. Zucker
Saft von 1/2 Zitrone
3 Eßl. Orangenblütenwasser (Apotheke)
einige grüne Minzeblätter zum Garnieren

Gelingt leicht

Pro Portion etwa:
580 kJ/140 kcal
2 g Eiweiß · 0 g Fett
33 g Kohlenhydrate

- Zubereitungszeit: etwa 20 Minuten
- Kühlzeit: etwa 45 Minuten

1. Die Pfirsiche mit kochendem Wasser überbrühen, kurz ziehen lassen, häuten und in kleine Stücke schneiden.

2. Die Melone halbieren, mit einem Löffel die Kerne entfernen und mit einem Kugelausstecher das Fruchtfleisch herauslösen.

3. Den Zucker, den Zitronensaft und das Orangenblütenwasser in eine Schüssel geben und verrühren. Die Pfirsichstücke und die Melonenkugeln vorsichtig unterheben und den Fruchtcocktail etwa 45 Minuten in den Kühlschrank stellen. Vor dem Servieren mit Minzeblättern garnieren.

Bild oben: Safrancreme
Bild unten: Melonen-Pfirsich-Cocktail

SÜSSES UND GETRÄNKE

Persisches Eis mit Safran

Bastani sahlabi

Zutaten für 4 Personen:
400 ml Milch
150 g Zucker
1 Teel. Sahlab (persisches Bindemittel), ersatzweise 2 Teel. Pfeilwurzelmehl (Apotheke)
1/2 Teel. Safranpulver
1 Eßl. Rosenwasser (Apotheke)
3 Eßl. Pistazien, fein gehackt

Für Gäste

Pro Portion etwa:
1100 kJ/260 kcal
5 g Eiweiß · 7 g Fett
46 g Kohlenhydrate

- Zubereitungszeit: etwa 20 Minuten
- Abkühl- und Gefrierzeit: etwa 3 Stunden

1. Die Milch in einen großen Topf geben. Den Zucker darin bei schwacher Hitze unter ständigem Rühren vollständig auflösen.

2. Etwas von der Zuckermilch abschöpfen und in eine kleine Schüssel geben. Das Sahlab oder das Pfeilwurzelmehl gut unterrühren und die Mischung wieder in den großen Topf geben. Bei schwacher Hitze noch etwa 3 Minuten köcheln lassen, bis sich die Flüssigkeit verdickt hat.

3. Den Safran in etwa 3 Eßlöffeln heißem Wasser auflösen und mit dem Rosenwasser zur Masse geben. Die Milchcreme etwa 2 Stunden im Kühlschrank abkühlen lassen.

4. Die Masse in die Eismaschine füllen und nach Anleitung etwa 30 Minuten gefrieren lassen. Danach das Eis in eine Kühlbox geben und etwa 30 Minuten im Gefrierfach nachfrieren lassen. Wer keine Eismaschine hat, stellt das Eis in einer Porzellanschüssel etwa 4 Stunden ins Gefrierfach. Dabei häufig durchrühren. Vor dem Servieren mit den Pistazien verzieren.

Rhabarber-Sorbet

Sharbat-e rivas

Zutaten für 4 Personen:
500 g Rhabarber
180 g Zucker
2 Eßl. Zitronensaft
1 Messerspitze Zimtpulver
einige grüne Minzeblätter zum Garnieren

Raffiniert

Pro Portion etwa:
820 kJ/200 kcal
1 g Eiweiß · 0 g Fett
49 g Kohlenhydrate

- Zubereitungszeit: etwa 30 Minuten
- Abkühl- und Gefrierzeit: 2 1/2–5 Stunden

1. Den Rhabarber waschen, schälen und in etwa 2 cm lange Stücke schneiden. Etwa 200 ml Wasser in einen Topf geben, den Zucker hinzufügen und bei mittlerer Hitze unter Rühren kochen lassen, bis er sich vollständig aufgelöst hat.

2. Den Rhabarber im Zuckersud in etwa 20 Minuten weich kochen. Den Zitronensaft und das Zimtpulver unter Rühren dazugeben. Das Kompott mit einem Pürierstab zu einer feinen Masse verarbeiten und diese durch ein Sieb streichen.

3. Bei Verwendung einer Eismaschine die Sorbetmasse etwa 2 Stunden im Kühlschrank abkühlen lassen. Dann in die Eismaschine geben und nach Anleitung etwa 30 Minuten gefrieren lassen.

4. Wenn Sie keine Eismaschine besitzen, können Sie die Sorbetmasse in eine große, flache Schale geben und im Gefrierfach fest werden lassen. Das dauert etwa 3 Stunden. Währenddessen das Eis mit einem Löffel etwa alle 45 Minuten von Rand und Boden der Schale abschaben, so daß eine lockere Masse entsteht.

5. Das fertige Eis in vorgekühlte Eiskelche geben und mit grüner Minze garnieren.

Im Bild links: Rhabarber-Sorbet
Im Bild rechts: Persisches Eis mit Safran

SÜSSES UND GETRÄNKE

SÜSSES UND GETRÄNKE

SÜSSES UND GETRÄNKE

Persische Waffeln mit Rosenwasser

Nan-e pandschare

Zutaten für 4 Personen:
90 g Maisstärke
120 ml Milch
1/2 Teel. Kardamompulver
1/2 Eßl. Rosenwasser (Apotheke)
3 Eier
Salz
1 Eßl. Mehl
3 Eßl. Zucker
Pflanzenöl für das Waffeleisen
Puderzucker zum Bestreuen

Preiswert

Pro Portion etwa:
920 kJ/220 kcal
6 g Eiweiß · 8 g Fett
30 g Kohlenhydrate

- Zubereitungszeit: etwa 50 Minuten

1. Die Maisstärke in eine Schüssel geben. Die Milch, den Kardamom und das Rosenwasser hinzufügen und alles mit einem Schneebesen gut verrühren.

2. Die Eier trennen. Die Eiweiße mit 1 Prise Salz steif schlagen und kurz ins Gefrierfach stellen. Die Eigelbe mit dem Mehl und dem Zucker zu einer Creme verarbeiten und in die Stärkemasse rühren. Jetzt das Eiweiß mit dem Schneebesen vorsichtig unterheben.

3. Das Waffeleisen erhitzen und mit Öl bepinseln. Mit einer kleinen Schöpfkelle Teig in das Waffeleisen geben und etwa 3 Minuten backen, bis die Waffel eine goldbraune Farbe angenommen hat.

4. Die fertige Waffel herausnehmen, zum Auskühlen auf ein Kuchengitter legen. Auf diese Weise den ganzen Teig verarbeiten. Die Waffeln mit Puderzucker bestreuen.

Feine Reisplätzchen

Nan-e berendschi

Zutaten für etwa 30 Stück:
1 Ei
120 g Puderzucker
120 g weiche Butter
150 g Reismehl
1 1/2 Teel. Kardamompulver
1 Eßl. Mohn
Backpapier für das Blech

Gelingt leicht

Pro Stück etwa:
280 kJ/67 kcal
1 g Eiweiß · 4 g Fett
6 g Kohlenhydrate

- Zubereitungszeit: etwa 1 Stunde
- Kühlzeit: etwa 2 Stunden

1. Das Ei mit dem Puderzucker und der Butter zu einer cremigen Masse verrühren. Das Reismehl und den Kardamom einarbeiten, bis ein kompakter Teig entsteht.

2. Den Teig in einer Kühlbox für etwa 2 Stunden in den Kühlschrank stellen. Danach den Teig etwa 10 Minuten gut durchkneten.

3. Den Backofen auf 200° vorheizen. Einen Teelöffel Teig mit den Händen zu einem Bällchen formen. Dieses auf das mit Backpapier versehene Backblech setzen und flachdrücken. Auf diese Weise den ganzen Teig verarbeiten. Nach Belieben mit einer Gabel Verzierungen anbringen. Zum Schluß alle Plätzchen mit Mohn bestreuen und im Ofen (Mitte; Umluft 180°) etwa 15 Minuten backen.

Tip!

Reismehl bekommen Sie in Asien-Läden. Sie können es aber auch problemlos selbst herstellen. Einfach die entsprechende Menge Reis in einer Mühle mahlen.

Im Bild vorne:
Persische Waffeln mit Rosenwasser
Im Bild hinten: Feine Reisplätzchen

SÜSSES UND GETRÄNKE

Joghurtdrink mit Minze

Dugh

Zutaten für 4 Personen:
einige grüne Minzeblätter
450 g Joghurt
1 Teel. Salz
1/2 Teel. Pfeffer, frisch gemahlen
1/2 l eiskaltes Mineralwasser

Schnell

Pro Portion etwa:
290 kJ/69 kcal
4 g Eiweiß · 4 g Fett
5 g Kohlenhydrate

- Zubereitungszeit: etwa 10 Minuten

1. Die Minzeblätter waschen und fein hacken. Den Joghurt, das Salz, den Pfeffer und die Minze in eine Schüssel geben und mit dem Schneebesen verrühren. Das Mineralwasser unter ständigem Rühren langsam dazugießen.

2. Den Drink kalt stellen oder sofort in Gläsern servieren.

Zitronentee

Tschai-ba limu

Tee kam schon vor Jahrtausenden von China nach Persien. Im neunten Jahrhundert brachten dann die Araber den Kaffee in das Land. Seit dem späten Mittelalter wurde der ansteigende Kaffeegenuß als Laster angesehen, es gelang jedoch nicht, ihn zu unterbinden. Erst in den 20er Jahren dieses Jahrhunderts siedelte der damalige Schah 50 chinesische Teepflanzerfamilien in Persien an, da er der politischen Unruhen, die von den Kaffeehäusern ausgingen, Herr werden wollte. Er verbot den Kaffeegenuß. Was keiner erwartet hatte: Er setzte sich durch. Überall im Land wird seither bevorzugt Tee getrunken.

Zutaten für 1 l Tee:
8 Teel. schwarzer Tee aus dem Iran
1 Zitrone
einige Spritzer Rosenwasser (Apotheke)
Honig nach Geschmack

Gelingt leicht

Pro Portion etwa:
64 kJ/15 kcal
0 g Eiweiß · 0 g Fett
4 g Kohlenhydrate

- Zubereitungszeit: etwa 15 Minuten

1. Den Tee in eine Kanne geben, mit etwa 1 l kochendem Wasser übergießen und etwa 10 Minuten ziehen lassen.

2. Die Zitrone auspressen, den Saft zum Tee geben. Mit dem Rosenwasser aromatisieren.

3. Kurz stehenlassen, bis die Blätter sich am Boden absetzen, dann den Tee vorsichtig in Gläser geben. Nach Belieben mit Honig süßen.

Melonen-Zitronen-Getränk

Paludeh

Zutaten für 4 Personen:
1 Honigmelone (etwa 1 1/2 kg)
1 Zitrone · 50 g Zucker
2 Eßl. Rosenwasser (Apotheke)
Eiswürfel

Für Gäste

Pro Portion etwa:
930 kJ/220 kcal
2 g Eiweiß · 0 g Fett
53 g Kohlenhydrate

- Zubereitungszeit: etwa 15 Minuten
- Kühlzeit: etwa 2 Stunden

1. Die Melone halbieren, von den Kernen befreien, schälen und in Stücke schneiden. Im Mixer oder mit dem Pürierstab fein zerkleinern.

2. Den Melonensaft in einen Glaskrug gießen. Die Zitrone auspressen und den Saft hinzufügen. Den Zucker und das Rosenwasser unterrühren. Das Getränk etwa 2 Stunden in den Kühlschrank geben. Vier Gläser zu einem Viertel mit Eiswürfeln füllen, den Melonen-Zitronensaft darauf gießen und servieren.

Im Bild vorne:
Melonen-Zitronen-Getränk
Im Bild Mitte: Zitronentee
Im Bild hinten: Joghurtdrink mit Minze

SÜSSES UND GETRÄNKE

REZEPT- UND SACHREGISTER

Zum Gebrauch
Damit Sie Rezepte mit bestimmten Zutaten noch schneller finden können, stehen in diesem Register zusätzlich auch beliebte Zutaten wie Auberginen und Lammfleisch – ebenfalls alphabetisch geordnet und halbfett gedruckt – über den entsprechenden Rezepten.

A
Äpfel: Gefüllte Äpfel mit Hackfleisch 18
Aprikosen: Reis mit Aprikosen 30
Auberginen
  Auberginenpüree 22
  Auberginenpüree mit Eiern (Variante) 23
  Auberginenpüree mit Walnüssen (Variante) 23
  Linsen-Auberginen-Eintopf 38

B
Backpflaumen: Lamm mit Backpflaumen 38
Barbaribrot 24
Brot: Fladenbrot 24

D
Datteln
  Eingelegte Datteln 32
  Reis mit Linsen 28
Dicke Bohnen: Lamm mit Kichererbsen 48

E
Eier
  Auberginenpüree mit Eiern (Variante) 23
  Fleischklöße Täbris 42
  Eingelegte Datteln 32
  Eingelegter Knoblauch 32
  Eis: Persisches Eis mit Safran 56
Essig-Gemüse 32

F
Feine Reisplätzchen 58

Fisch mit Orangen 50
Fladenbrot 24
Fleischklöße Täbris 42
Forellen: Gebackene Forellen 50

G
Gebackene Forellen 50
Gedämpfter Reis 26
Gefüllte Äpfel mit Hackfleisch 18
Gemüse: Essig-Gemüse 32
Getränke
  Joghurtdrink mit Minze 60
  Melonen-Zitronen-Getränk 60
  Zitronentee 60
Granatäpfel: Hähnchen in Walnuß-Granatapfel-Sauce 40
Gurkenjoghurt mit Rosinen 16

H
Hackfleisch
  Fleischklöße Täbris 42
  Gefüllte Äpfel mit Hackfleisch 18
  Joghurtsuppe mit Kichererbsen und Linsen 14
Hähnchen
  Hähnchen in Walnuß-Granatapfel-Sauce 40
  Hühnchen in Orangensauce 36
  Hühnerleber mit Zwiebeln 46
  Reis mit Kirschen und Hühnerkeulen 44

J
Joghurt
  Gurkenjoghurt mit Rosinen 16
  Joghurtdrink mit Minze 60
  Joghurtsuppe mit Kichererbsen und Linsen 14
  Reis mit mariniertem Lamm 46
  Rote-Bete-Joghurt 20
  Spinatsalat mit Joghurt 16

K
Kartoffeln
  Lamm mit Kichererbsen 48
  Reis mit Kartoffelkruste 26
  Zwiebelsuppe mit Kartoffeln 12
Kichererbsen
  Joghurtsuppe mit Kichererbsen und Linsen 14
  Lamm mit Kichererbsen 48
Kirschen: Reis mit Kirschen und Hühnerkeulen 44
Knoblauch: Eingelegter Knoblauch 32
Kräuter: Gebackene Forellen 50
Kräuteromelett 18

L
Lamm
  Auberginenpüree 22
  Lamm mit Backpflaumen 38
  Lamm mit Kichererbsen 48
  Lammspieße 42
  Linsen-Auberginen-Eintopf 38
  Linsentopf mit Lamm 36
  Reis mit mariniertem Lamm 46
  Sellerietopf mit Minze 34
  Zucchinitopf mit Lamm 34
Linsen
  Auberginenpüree 22
  Fleischklöße Täbris 42
  Gefüllte Äpfel mit Hackfleisch 18

Joghurtsuppe mit Kichererbsen und Linsen 14
Lamm mit Backpflaumen 38
Linsen-Auberginen-Eintopf 38
Linsentopf mit Lamm 36
Reis mit Linsen 28

M
Melonen-Pfirsich-Cocktail 54
Melonen-Zitronen-Getränk 60
Minze
    Joghurtdrink mit Minze 60
    Sellerietopf mit Minze 34
Möhren: Reis mit Möhren 30

O
Omelett: Kräuteromelett 18
Orangen
    Fisch mit Orangen 50
    Hühnchen in Orangensauce 36
    Pistazien-Orangen-Suppe 12

P
Persische Waffeln mit Rosenwasser 58
Persisches Eis mit Safran 56
Pfirsich: Melonen-Pfirsich-Cocktail 54
Pflaumen: Lamm mit Backpflaumen 38
Pinienkerne in Weinblättern 20
Pistazien-Orangen-Suppe 12
Plätzchen: Feine Reisplätzchen 58

R
Reis
    Feine Reisplätzchen 58
    Gedämpfter Reis 26
    Pinienkerne in Weinblättern 20
    Reis mit Aprikosen 30
    Reis mit Kartoffelkruste 26
    Reis mit Kirschen und Hühnerkeulen 44

Reis mit Linsen 28
Reis mit mariniertem Lamm 46
Reis mit Möhren 30
Reiskuchen 28
Rhabarber-Sorbet 56
Rosinen: Gurkenjoghurt mit Rosinen 16
Rotbarschfilet süß-sauer 52
Rote-Bete-Joghurt 20

S
Safran: Persisches Eis mit Safran 56
Safrancreme 54
Salat: Spinatsalat mit Joghurt 16
Sellerietopf mit Minze 34
Sorbet: Rhabarber-Sorbet 56
Spinatsalat mit Joghurt 16
Staudensellerie: Sellerietopf mit Minze 34
Suppe
    Joghurtsuppe mit Kichererbsen und Linsen 14
    Pistazien-Orangen-Suppe 12
    Zwiebelsuppe mit Kartoffeln 12

T
Tee: Zitronentee 60
Tomaten
    Lamm mit Kichererbsen 48
    Zucchinitopf mit Lamm 34

W
Waffeln: Persische Waffeln mit Rosenwasser 58
Walnüsse
    Auberginenpüree mit Walnüssen (Variante) 23
    Hähnchen in Walnuß-Granatapfel-Sauce 40
Weinblätter: Pinienkerne in Weinblättern 20

Z
Zitronen: Melonen-Zitronen-Getränk 60
Zitronentee 60
Zucchinitopf mit Lamm 34
Zwiebeln: Hühnerleber mit Zwiebeln 46
Zwiebelsuppe mit Kartoffeln 12

IMPRESSUM

Umschlag-Vorderseite:
Das Rezept für Hähnchen in Granatapfel-Sauce finden Sie auf Seite 40.

© 1995 Gräfe und Unzer Verlag GmbH München. Alle Rechte vorbehalten. Nachdruck, auch auszugsweise, sowie Verbreitung durch Film, Funk und Fernsehen, durch fotomechanische Wiedergabe, Tonträger und Datenverarbeitungssysteme jeglicher Art nur mit schriftlicher Genehmigung des Verlages.

Redaktion:
Cornelia Schinharl
Layout: Ludwig Kaiser
Typographie: Robert Gigler
Herstellung: Renate Hausdorf
Fotos: Odette Teubner, Michael Loesch (Seite 4, 5, 6), Helga Heinrich-Remÿ (Seite 7, 8), Arne Birck (Seite 9)
Umschlaggestaltung: Heinz Kraxenberger
Satz: Computersatz Wirth, Regensburg
Reproduktionen: Otterbach Repro
Druck und Bindung: Alcione, Trento
ISBN 3-7742-2567-2

Auflage 5.   4.   3.   2.   1.
Jahr 1999 98 97 96 95

Dieter Eckel

ist gelernter Buchhändler. Seit 1987 hat er in der Kölner Innenstadt eine Spezialbuchhandlung für Kochen, Essen und Trinken. Zugang zur persischen Küche fand der begeisterte Koch über eine persische Freundin, bei der er immer wieder die sprichwörtliche Gastfreundschaft genießen durfte und die Spezialitäten des Landes kennen- und kochenlernte.

Odette Teubner

wurde durch ihren Vater, den international bekannten Food-Fotografen Christian Teubner, ausgebildet. Heute arbeitet sie ausschließlich im Studio für Lebensmittelfotografie Teubner. In ihrer Freizeit ist sie begeisterte Kinderporträtistin – mit dem eigenen Sohn als Modell.